ÉMILE RIPERT

AU PAYS DE JOFFRE

Fraire de Catalougno, escoutas !...

F. MISTRAL.

AVEC UN PORTRAIT DU MARÉCHAL

DEUXIÈME ÉDITION

ÉDITIONS BOSSARD
43, RUE MADAME, 43
PARIS
1918

AU PAYS DE JOFFRE

ÉMILE RIPERT

AU PAYS DE JOFFRE

Fraire de Catalougno, escoutas!...
F. Mistral.

AVEC UN PORTRAIT DU MARÉCHAL

ÉDITIONS BOSSARD
43, RUE MADAME, 43
PARIS
1918

INTRODUCTION

———

Ces pages, que je rassemble aujourd'hui,
si elles devaient être une évocation complète de la Catalogne française, je sens avec
humilité à quel point elles seraient insuf-
fisantes.

De ce beau pays vermeil, où l'Espagne
et la France mélangent leurs couleurs et
leurs races, ce sont ici quelques tableaux
seulement, quelques images, diverses
comme la vie elle-même, recueillies çà et là
au court d'un séjour trop rapide, et c'est
aussi bien un chant de reconnaissance

à la louange du sol et du ciel lumineux, qui ont formé le grand esprit lucide, auquel la barbarie allemande a heurté sur la Marne sa formidable machine de guerre.

Oui, désormais, quel que soit l'intérêt et la grandeur des souvenirs qui s'élèvent encore de tous côtés, dès qu'on parcourt ce sol marqué par tant de peuples, une image cependant domine, impérieuse, toutes les autres, auréolée déjà d'une légende, c'est celle du calme vainqueur, auquel l'Académie Française vient de rendre un juste hommage, puisque, en sauvant l'indépendance de la France, il en a sauvé également la langue et par conséquent toute la littérature qui va s'épanouir demain.

C'est à lui que j'aurais voulu dédier ces pages, mais je crains que leur fantaisie poétique ne fasse parfois froncer des sourcils austères sur ces yeux qui ont vu la ruée du monstre et qui, pour le contenir, en ont mesuré l'élan, sur ces yeux pensifs qui ont vu aussi, en parcourant les champs de bataille, à quel prix s'achète, hélas! la plus noble et la plus juste des victoires.

Alors, pour que ces pages arrivent tout de même à leur véritable adresse, je prendrai le plus charmant des intermédiaires, et c'est vous que j'évoquerai, filles du Roussillon, dont les bonnets de tulle blanc emprisonnent dans leur fin réseau des cheveux sombres comme un velours d'Espagne ou roux comme vos champs de vignes à l'automne, vous, dont les groupes balancés vont et viennent le soir sous les grands platanes, en chantant quelque vieille chanson catalane, vous qui roulez dans votre voix musicale la fraîcheur murmurante des eaux des Pyrénées, vous qui, rieuses et sérieuses, unissez sur vos figures mates aux yeux étincelants toute la clarté de votre ciel à l'austère souci des labeurs de la terre, — et c'est à vous que je les dédie, ces humbles pages, écrites par ce passant inconnu qui vous admirait et qui vous aimait sans vous le dire, c'est à vous que je les dédie, en songeant qu'une de vos pareilles, aux champs de Rivesaltes, fut la mère jadis du petit Joffre...

Mars 1918.

I

Plusieurs fois déjà, pour aller de Marseille à Toulouse, j'avais traversé la gare de Narbonne, et, le long de cette ligne qu'une pancarte annonce : « Perpignan et l'Espagne », j'avais laissé glisser mon rêve, plus rapide que tous les trains...

« Perpignan et l'Espagne », sur l'écriteau bleu, dans la lumière du grand hall plein de bruit, ces lettres noires se détachaient, et, pas plus que la Compagnie des chemins de fer du Midi, je ne séparais ces deux noms dans mon esprit, si bien que Perpignan pour moi, avec ce nom à l'allure exotique, qu'on écrivait autrefois Perpinyan, au bout de cette voie lumineuse, c'était déjà l'Espagne, et l'Espagne, *n'est-ce pas? pour des jeunes gens bercés au rythme des poèmes romantiques, c'est Don Juan et Don Paëz, c'est Hernani et Ruy Blas, et c'est Don Quichotte aussi, et c'est, plus attirante encore, la figure mate de Carmen, et pour un jeune poète du midi, c'est aussi la Catalogne espagnole, sœur de la Provence, qui offrit à Mistral la coupe, la coupe sainte, que l'on découvre dans les banquets de la Sainte-Estelle, comme une sorte de Graal.*

> Prouvençau, veici la coupo
> Que nous vèn di Catalan... (¹)

Oui, c'est tout ce beau décor de gloire, de légende et de poésie qu'il y avait dans mon rêve au bout de cette ligne de fer que les grands rapides semblaient mépriser en passant, laissant pourtant sur le quai de Narbonne tout un piétinement de voyageurs, qui, plus heureux que moi, pensais-je, s'en allaient vers ces Pyrénées... Et, maintenant, voici que contre

------

(¹) « *Provençaux, voici la coupe — Qui nous vient des Catalans* ».

toute attente, envoyé par les hasards de ce temps de guerre vers cette Catalogne française, dans deux heures je vais prendre ce train, où mon esprit déjà s'est embarqué depuis long-temps...

Dans deux heures seulement, — car les correspondances, surtout en cette période troublée, ne sont pas toujours très bien organisées, — et de ces deux heures, que faire, sinon en profiter pour revoir Narbonne ?

Gallia Narbonensis... Dans nos souvenirs d'écolier, c'était un grand nom que celui de Narbonne, capitale d'une des Gaules romaines, Narbonne, dont Sidoine Apollinaire a cé-lébré pêle-mêle « les murs, les citoyens, l'enceinte, les boutiques, les portes, les portiques, le forum, le théâtre, les temples, les capitoles, les monnaies, les thermes, les arcs, les greniers, les marchés, les prés, les fontaines, les îles, les salines, les étangs, le fleuve, le commerce, le pont et la mer... », Narbonne dont Ausone a chanté la gloire, la louant d'avoir la première « arboré dans les Gaules le nom romain », la décrivant comme l'entrepôt de l'Orient et de l'Occident, où viennent aborder « tous les vaisseaux qui parcourent en tous sens les fleuves et les mers », Narbonne, assise en effet comme Venise au milieu d'une lagune qui correspondait facilement avec la mer, et qui, peu à peu comblée, coupa la ville de tout commerce, jusqu'au moment où Chapelle et Bachaumont la traitèrent de « vieille ville toute de fange — qui n'est que ruisseaux et qu'égoûts ».

Car, ainsi que Fréjus, Ostie et Ravenne, la mer infidèle a laissé Narbonne décliner dans des marécages, qui, desséchés, sont devenus de notre temps d'immenses champs de vignes. Au-dessus de ce grand vignoble, dont rien n'interrompt la morne platitude, mais dont les couleurs à l'automne sont d'une somptueuse diversité, Narbonne élève sa ceinture de beaux platanes, le clocher de Saint-Paul-Serge, celui de Saint-Just surtout et les tours carrées de son Hôtel de ville... Splendeur crépusculaire comme celle de la plupart des villes du Midi ; la cathédrale est inachevée, et ce qu'on peut en admirer n'est que

le chœur, qui laisse à deviner les énormes pro-
portions que devait prendre l'édifice ; à ses
flancs somnole un petit jardin mélancolique
et dans les tours de l'Hôtel de ville, l'ancien
évêché fortifié, on a installé un musée, qui
contient de forts beaux tableaux et d'admi-
rables céramiques, mais triste comme tous les
musées, ces cimetières de chefs-d'œuvre... De
l'autre côté du canal de la Robine, qui semble
dormir, las et savonneux, comme s'il ne
croyait pas à la grande tâche d'unir, grâce au
canal du Midi, deux mers et deux civilisations,
le musée lapidaire, récemment installé dans
une église désaffectée, est un cimetière bien
plus lamentable encore ; pêle-mêle, avec leurs
lettres à demi rongées, les vieilles pierres s'entassent dans une ombre humide ; ici l'on sent
toute la hauteur de la décadence, qui de cette
capitale romaine, où convergaient toutes les
routes du Midi, a fait aujourd'hui cette ville
assez vulgaire, abandonnée par la mer, ne
conservant plus que l'orgueil d'être à l'heure
actuelle un des principaux comptoirs du
commerce des vins.

Car le vrai monument de cette ville, ce n'est ni une église, ni un hôtel de ville, ni un musée, c'est un chai... Le long de tous les boulevards, dans les faubourgs poussiéreux, ils s'ouvrent, ces chais innombrables, avec leurs cours encombrées de demi-muids et de l'un ou de l'autre, vers la gare ou vers la campagne, les charrettes lentes et lourdes font un trafic incessant... L'odeur du vin traîne sur les routes, sur les boulevards, dans les jardins, et la voici dans la gare qui se dégage des wagons-réservoirs, surchauffés par le soleil encore piquant de cette fin de septembre...

Mais enfin le train est là qui doit m'entraîner vers Perpignan ; il siffle, s'ébranle, contourne Narbonne, s'engage bientôt entre les étangs, qui s'allongent au milieu d'un pays désolé... Un grand vent s'est élevé, qui s'enfle à mesure qu'on avance, un vent qui descend des Corbières vers la Nouvelle, l'humble port qui a remplacé sur la mer la gloire de Narbonne, le terrible Cers, le « Circius » des Romains, qui parfois empêche, dit-on, les trains élancés de Perpignan d'arriver sans grand re-

tard jusqu'à Narbonne, le *Circius*, dont *Caton*
disait déjà qu'il renversait un homme armé et
une voiture chargée, auquel *Auguste*, nous dit
Sénèque, éleva un temple et que *Rabelais*,
après *Sénèque*, a célébré (¹). On voit partout
la trace de ce fleuve aérien ; à la Nouvelle, de
maigres pins, inclinés vers la terre, ont la
forme de la bourrasque et semblent toujours en
fuite, même quand l'air est immobile...

Ce matin, sa violence est relativement mo-
dérée... Son action est surtout visible à la
façon dont il fouette les étangs, où les vagues
courtes se rebroussent en frissons livides...
D'âpres collines déboisées gardent ces otages,
que la terre semble avoir pris sur la mer et mis
en captivité. De grêles tamaris tremblent au
bord des eaux basses, que frange de blanc une
écume salée... Étangs moisis et par endroit pu-
tréfiés, vieillesse désabusée de la mer, qui,
loin des agitations de sa jeunesse, reflète bien

(¹) « *O, me disait un petit enflé, qui pourrait avoir une
vessie de ce bon médecin, vent de Languegoth que l'on
nomme* Cierce ! *Le noble Scirron, passant un jour
par ce pays, nous contait qu'il est si fort qu'il renverse
les charrettes chargées.* » (Pantagruel, t. IV, chap. XIII).

mieux le ciel dans son miroir presque uni et lui renvoie plus de lumière... Dépouillé de toute culture, le paysage a la sérénité désolée d'une âme qui a renoncé...

Mais au-dessus de cette résignation le promontoire de Leucate, tout blanc, comme son nom venu des Grecs l'indique, dresse son élan entre le bleu du ciel et celui de la mer et se jette vers les vagues... Une fierté vit en lui... N'est-ce pas d'ici que Françoise de Cézelly, assiégée dans son château par les Espagnols, écrivait aux consuls de Narbonne cette phrase, qui reprend aujourd'hui un sens terrible et magnifique : « C'est un temps désespéré que pour bien faire il faut perdre la vie. »

Le train va plus rapide maintenant, comme s'il était pressé de fuir ces tragiques souvenirs. Et voici déjà, l'étang de Leucate dépassé, le vieux fort doré de Salces, première citadelle du Roussillon, à l'entrée de ce qui fut, il n'y a pas trois siècles, terre espagnole ; Salces qui doit son nom, dans ce pays de sel et de saumure, à des sources salées célébrées déjà par Pomponius Mela et Strabon...

De nouveau, loin des étangs, voici que dans la plaine du Roussillon, conquise sur la mer comme celle de Narbonne, les champs de vignes déferlent jusqu'à l'horizon du Canigou, qui se dresse, abrupt, sur la plaine avec sa tête blanche... Et voici que la route de fer traverse l'Agly et que sur ses bords on aperçoit Rivesaltes...

Rivesaltes... Des voyageurs se penchent aux portières... C'est donc le village de Joffre... Mais c'est bien peu de chose ce qu'on en peut voir du chemin de fer, — une gare banale comme toutes les gares, et puis un clocher qui s'efface déjà, tandis que le train nous emporte vers Perpignan... à travers les vergers et les jardins qui se pressent, de plus en plus nombreux, au-devant de la ville...

Je me suis logé sur la place Arago, qui est aujourd'hui le cœur même de la ville, et de mon balcon, ouvert sur la nuit tiède de septembre, je vois le plus charmant spectacle : sous les platanes, au-devant du monument

élevé en l'honneur du grand astronome, des
jeunes filles et des petites filles jouent à la
corde avec une vivacité, une légèreté, un genre
où l'agilité française s'unit à l'ardeur espagnole... On ne saurait dire comment ces petits
pieds se posent sur le sol, ou plutôt effleurent le
sol, juste ce qu'il faut pour rebondir, rebon-
dissent, retombent, s'élancent encore, et cela
sans fatigue, tout le corps tendu, sans effort
apparent, vers le résultat qu'il faut obtenir
sans l'exagérer, sans avoir l'air de prendre de
la peine... C'est la vie qui danse spontanément
sous le plus beau climat, dans la nuit d'été
fraîche et tiède à la fois, l'éternelle danse,
qui, depuis les Grecs, est le symbole de l'harmonie, de la jeunesse et de la joie...

Comme elles sautent bien, sans cris, sans
tapage, avec une sorte d'ardeur silencieuse et
concentrée, moins rare dans le Midi qu'on ne
l'imagine ! Jeux de petites filles bien réglés,
sans disputes et sans coups, chacune, après
avoir sauté, venant docilement saisir des
mains de l'autre, dont c'est le tour de sauter,
la corde qu'elle va faire tourner à son tour...

Rien de la grossière rivalité, des coups, de la bataille inévitable entre garçons... Est-ce que vraiment dès l'enfance les femmes commenceraient à nous être supérieures?

De ce balcon assez bas, au-dessus d'un café animé, on voit sur la place Arago tout Perpignan qui vient « prendre le frais »... Dans cette grande douceur de l'automne à son début, sous le vent qui vient de la mer, en cette atmosphère méridionale, on se laisse aller mollement, ainsi que dans un bain tiède...

La volonté s'y repose ; elle ne s'y dissout point... Loin de Paris, de sa fièvre, de son métropolitain, il y a de la vie encore ! Quel tort ne nous ont pas fait les romanciers, les journalistes, qui, durant tout le XIXe siècle, ont ridiculisé la province. Ne pensaient-ils donc pas que c'était en même temps tourner en dérision la France, dont cette province formait la grande majorité?...

Mais dans ces villes provinciales, où les longs loisirs permettent les méditations et les lectures, est-ce que les jeunes âmes ne se forment point plus sûrement que dans l'excitation de Paris ? Qu'il suffise de songer à l'enfance de Pascal à Clermont, de Racine à Château-Thierry, de Corneille à Rouen, de Diderot à Langres, de Châteaubriand à Combourg, de Lamartine à Milly, à celle de Napoléon à Ajaccio, à celle de Joffre à Perpignan...

～

A Perpignan... Dans le Perpignan de jadis...

Car Perpignan est une ville saccagée... On dirait qu'une armée allemande a passé par là... Encore les Allemands peuvent-ils mettre en avant leur mot sinistre : « C'est la guerre », et invoquer, comme une piètre excuse, la rage aveugle de la soldatesque, — mais ici c'est de sang-froid, après de longues délibérations, et pendant des mois et des années, que le crime a été consommé...

Cela date d'assez loin sans doute : il y a eu d'abord, au temps de la Révolution, la désaf-

fectation de nombreux couvents où sont logés maintenant le génie, l'intendance, la manutention militaire et même la gendarmerie près de la cathédrale, mais, si des trésors artistiques furent peut-être alors détruits ou égarés, cela du moins ne modifiait en rien l'aspect extérieur des bâtiments, la physionomie de la ville. Non, le crime dont je parle est plus récent, c'est la destruction des remparts...

Je me fais conter le forfait par des naturels, sans avoir l'air de m'en indigner autrement, pour ne pas froisser leur susceptibilité et qu'ils n'arrêtent point leurs récits, et dans ces récits je revois le vieux Perpignan d'autrefois, c'est-à-dire d'il y a trente ans, pas davantage, serré dans le corselet de ses remparts rouges, avec cette allure espagnole et médiévale qu'on voit encore éclater par places, — je revois, contre les remparts aux briques sanglantes, les grands platanes verts qui avaient poussé de tous côtés dans les fossés de Vauban, une fontaine sous les platanes, où les filles venaient puiser de l'eau

dans les cruches catalanes, les portes monu-
mentales, la porte de Canet, la porte d'Espagne, la porte Notre-Dame, — et tout cela,
sauf quelques pans de murs, jeté par terre, à
la joie sauvage des habitants, dont l'un d'eux
a osé faire bâtir une maison, — et quelle maison ! — sur laquelle une plaque de marbre
noir ornée de lettres d'or rappelle aux pas-
sants, afin qu'ils n'en ignorent, que cette maison est la première qui fut construite sur
l'emplacement des anciens remparts !... En
face, le Castillet, la citadelle qui défendait la
porte Notre-Dame, élève derrière des grilles
sa masse inconsolable !... Il a l'air malheureux, ce Castillet, coupé des remparts qui lui
donnaient sa raison d'être, mis en cage, —
dernier îlot que n'a pas osé recouvrir le grand
flot du mauvais goût, roc où la marée de la
spéculation est venue se briser à cause d'un
dernier scrupule... Pourquoi pas, puisqu'on y
était?... Pourquoi laisser ce témoin du
crime? Ce malheureux survivant? On dirait
un animal antédiluvien, isolé derrière une
barrière, au milieu d'un musée, quelque mas-

todonte reconstitué par un Cuvier de l'architecture...

Antibes en Provence, Perpignan en Catalogne, aux deux pôles de notre Midi méditerranéen, les mêmes démolisseurs ont exercé sur
des ensembles charmants leur lâche imbécillité,
dont nous avons eu de la peine à préserver
Avignon, dont nous n'avons point préservé
Arles !

Cependant, à la place de ces vieux souvenirs d'art et de gloire d'infâmes bicoques en
stuc éclatent au soleil cru sous leur plâtre qui
semble un fard. Et alors ce n'est plus le Midi
religieux ou militaire, le Midi passionné en
tout cas et ardent, c'est le Midi voluptueux
seulement, d'une volupté molle et lâche, qui
n'est plus que du laisser-aller, la béatitude du
bourgeois au café qui digère après un bon
dîner, en fumant un cigare avant d'aller au
cinéma.. au cinéma Castillet ; car il existe,
n'est-ce pas? c'est naturel... en carton-pâte,
et promettant des films sensationnels.

Au moment où je jette ces imprécations fa-
ciles contre les démolisseurs, — qui sont aussi

des bâtisseurs, hélas ! et de toute façon des spéculateurs, — les gens de Perpignan pourraient me dire :

« Vous en parlez à votre aise, voyageur d'un jour... Vous eussiez aimé sans doute admirer notre ville comme une pièce de musée, mais peut-on vivre à l'aise, sous une vitrine ? Nous étouffions, nous, dans les remparts, dont la haute allure et la couleur rouge vous font rêver... Nous voulions de l'air, du jour... Nos vins nous rapportant gros, nous voulions étendre notre ville, la seule ville du Roussillon, petite capitale d'un pays original !... Venez donc habiter au cœur de nos vieilles rues, dans nos antiques demeures inconfortables ! Citoyen de Perpignan, vous feriez comme tous ceux qui ont eu l'argent nécessaire à ce luxe, vous auriez fait bâtir ou vous auriez loué une villa neuve, sur l'emplacement, vous aussi, des anciens remparts... »

Je ne sais, j'hésite... Évidemment la vie ne peut s'arrêter... Les gens du Moyen âge ont bâti des églises ou des remparts avec les pierres des temples antiques ; dans les siècles clas-

siques on a détruit bien des monuments du Moyen âge... Mais encore avait-on quelque chose à mettre à la place de ce qu'on démolissait, et maintenant ce stuc, cette pâtisserie blanchâtre, ces maisons-meringues, ces inconsistantes bicoques, tout ce carnaval déjà défraîchi, ces villas que la pluie déjà lézarde, malgré les bons offices de leur constructeur, le même d'ailleurs qui, homme politique, vous a persuadé, et pour cause, qu'il vous était nécessaire de détruire vos remparts !... Vos remparts, gens de Perpignan ou d'ailleurs, démolissez-les sans pitié, si vous avez quelque chose d'également noble et solide à mettre à leur place, mais si vous n'avez que ces pauvres et prétentieuses architectures, n'auriez-vous pas pu vous contenter de faire toutes les brèches nécessaires à vos murailles, sans toucher aux parties vitales et de bâtir en dehors de ces murailles, où certes ce n'est point l'espace, de la mer au Canigou, qui vous manquait ?

Je vous entends... Vous me dites encore :

« Attendez... faites-nous crédit... Ce que nous avons fait n'est pas beau, c'est vrai,

mais nous avons été interrompus par la crise des vins, puis par la guerre... Vous verrez cela dans quelques années, si tout va bien, ce sera toute une ville élégante, magnifique et confortable... Notre cité est à l'époque de la mue ; c'est un jeune homme de dix-sept ans qui n'a plus les grâces de l'enfance, sans avoir celles de la vraie jeunesse... Faites-nous crédit ! »

Je veux bien, mais, si tout plus tard est du même style, j'aimerais encore mieux en rester là !...

Hélas ! et par ce temps de guerre je ne puis me rappeler sans tristesse cette constatation de M. Jules Huret : « En France, quand on démolit des remparts, on cherche immédiatement à faire de l'argent avec le prix des terrains... Ah ! nous aimons le naturel. En Allemagne on pense tout de suite à y tracer des promenades, à y planter des arbres et l'on bâtit des bois. (¹) »

Le mal d'ailleurs est ancien ; en 1832

(¹) Rhin et Westphalie, p. 46.

Victor Hugo le dénonçait déjà : « Il n'y a peut-être pas en France, disait-il, une seule ville, pas un seul chef-lieu d'arrondissement, pas un seul chef-lieu de canton où il ne se médite, où il ne se commence, où il ne s'achève la destruction de quelque monument historique national... »

Vue de poète et de prophète, que tant de destructions impies ont trop justifiée depuis !...

« Le vandalisme est architecte, continuait-il. Le vandalisme se carre et se prélasse. Le vandalisme est fêté, applaudi, encouragé, admiré, caressé, protégé, consulté, subventionné, défrayé, naturalisé. Le vandalisme est entrepreneur de travaux... »

Et adjurant le gouvernement d'intervenir, il lui disait : « Vous tenez les communes en tutelle, défendez-leur de démolir... S'il faut une loi, qu'on la fasse ([1]*)... »*

Hélas ! avant qu'on ait songé à protéger les monuments de France, des années ont passé, et la province française s'est à plaisir

____

(1) V. HUGO, Littérature et philosophie mêlées, t. II.

enlaidie... Et devant les ruines de Perpignan, Victor Hugo ne pourrait que répéter ce qu'il disait devant les ruines de la tour de Louis d'Outremer à Laon : « Pour faire ce que n'avaient fait ni béliers, ni balistes, ni scorpions, ni catapultes, ni haches, ni dolabres, ni engins, ni bombardes, ni serpentins, ni fauconneaux, ni couleuvrines, ni le canon, ni le tonnerre, ni la tempête, ni la bataille, ni le feu des hommes, ni le feu du ciel, il a suffi au XIXe siècle, merveilleux progrès ! d'une plume d'oie, promenée à peu près au hasard sur une feuille de papier par quelques infiniment petits, méchante plume d'un conseil municipal du vingtième ordre... Et la tour a été démolie... et cela s'est fait ! Et la ville a payé pour cela ! On lui a volé sa couronne et elle a payé le voleur. Quel nom donner à toutes ces choses? (1). »

Cependant, il faut rendre justice aux gens de Perpignan. A défaut des vieilles pierres, ils

------

(1) Ibid.

ont respecté les vieux arbres, sinon tous, —
car ils ont détruit, me dit-on, une admirable allée de lauriers-roses, — au moins le
groupe le plus important, la Promenade des
Platanes ; ils les ont respectés et même ho-
norés, il y a quatre ans, par une fête spé-
ciale donnée à la gloire de ces ancêtres végé-
taux...

C'est aussi qu'il est rare, eût-on beaucoup
voyagé, de contempler de tels arbres ; ils mesurent sans doute quarante mètres de haut, et
la promenade a plus de cinq cents mètres de
long... A l'automne, c'est une grande barre
d'or, où le soleil couchant allume des feux
incomparables... Quand le temps est beau,
les arbres immobiles ont l'air de majesté conve-
nable à des vieillards qui ont vu passer tant
de nuées et tant d'idées aussi vagues que les
nuées... Mais quand le vent, le grand vent de
la mer ou de la montagne, qui ravage la plaine
du Roussillon, s'enfonce dans cette haute
masse, c'est un concert, une élégie, une lamen-
tation d'une désolation et d'une tendressè à
faire pleurer...

Ce sont les plus grands arbres, comme les plus grandes âmes, dont les plaintes sont les plus poignantes ; les médiocres acceptent, sans crier trop haut, les calamités qui ne les émeuvent qu'à moitié, mais le souffle incessant qui secoue les hautes régions de l'atmosphère ne laisse point de repos à tout ce qui s'élève au-dessus de la terre...

Cette marée mélancolique qui meurt et renaît dans les platanes de Perpignan leur apporte l'immense tristesse de la mer ou de la montagne ; eux sont là, comme de grandes harpes, qui vibrent au moindre souffle, et les feuilles, déjà jaunies, qui s'en détachent, ont l'air plus craintives encore, comme si elles avaient peur de tomber de si haut...

Mais sans remarquer leur émoi et sans s'inquiéter de ce gémissement inépuisable, le soir venu, sous la voûte fraîche, les familles de Perpignan se promènent après le dîner.... Filles et garçons, ouvrières et soldats se croisent, s'observent et se sourient... La sonnette du cinéma retentit pour annoncer qu'un entr'acte est terminé... L'heure tombe du vieux clocher de Saint-Jean.... On oublie l'heure facilement dans la mollesse humide de ces premiers soirs d'automne.

Sous ces platanes il y a plus de cinquante ans, un lycéen, les jeudis et les dimanches, se promenait avec ses camarades.... Il s'appelait Joffre (Joseph)... Le cinéma n'existait point alors, ni l'empire d'Allemagne...

∾

Toutefois, malgré les ravages qu'a faits ici le marteau des démolisseurs, on y voit encore çà et là de beaux souvenirs éclater ; c'est le Castillet, c'est « la Loge », c'est la Citadelle, c'est l'église Saint-Jacques et, plus encore, la cathédrale Saint-Jean et le Musée, qui fut l'Université, tous les débris enfin du royaume de Majorque...

Le royaume de Majorque, la clarté méditerranéenne auréole ce beau nom ; on y entend le chant des vagues bleues et vertes, on y respire le parfum des orangers, on y goûte la saveur juteuse de leurs beaux fruits d'or...

Après l'horrible confusion féodale qui suivit

dans toute l'Europe la mort de Charlemagne, le Roussillon, balloté et déchiré, passant de mains en mains, finit par tomber entre celles du roi d'Aragon, Alphonse II (1172). Celui-ci fortifia Perpignan, lui donna des privilèges, y mourut en 1196 laissant son fils Pèdre II continuer son œuvre... Mais Pèdre II, le roi En Peire, chanté par les Félibres, mourut à Muret, en combattant à côté des comtes de Toulouse contre Simon de Montfort et les croisés du Nord... Rejeté vers le sud, son fils Jacques conquit les îles Baléares et laissa ce nouveau royaume à son fils Jacques II, qui réunit sous son autorité le Roussillon, le comté de Montpellier et les Baléares ; ce fut pour un siècle le royaume de Majorque, dont Perpignan fut la capitale...

C'est alors qu'on bâtit ce palais, dont Vauban fit une citadelle, et le génie du XIXe siècle une simple caserne, où parmi la banalité des bâtiments militaires se dessine encore timidement une galerie aux sveltes arcades, donnant accès sur une chapelle, dont on a fait un magasin d'habillement ; c'est l'aspect qu'avait

en Avignon le palais des papes avant sa restauration...

Un attentat semblable a été commis sur
« la Loge »... La Loge de mer, bourse des ar-
mateurs en un temps où Perpignan faisait du
commerce maritime, et que signale encore un
navire sculpté en pierre, qui s'accroche à
l'angle du bâtiment et surplombe la petite
place ; mais du rez-de-chaussée on a fait un
café vulgaire, si du premier on a conservé une
belle salle, où l'on peut voir des tableaux plus
ambitieux que réussis, une salle où le jeune
Louis XIV, venant prendre possession de sa
nouvelle province, fut reçu en grande pompe
l'an 1660 par les consuls de Perpignan. Tout
à côté l'Hôtel de ville aux fenêtres charmantes
complète cet ensemble médiéval au cœur de la
ville, séparant la place de la Loge de la rue
de la Barre, aux galeries couvertes où circule
le soir toute la jeunesse de Perpignan...

Non loin la cathédrale Saint-Jean montre
sa façade, où les cailloux sont enfoncés dans la
brique et disposés à la manière d'écailles de
poissons, ses belles orgues, sa large nef, son

rétable en marbre blanc, dont la somptuosité évoque toute l'Espagne...

Devant l'église, au milieu de la petite place Saint-Jean, où tombent dans le silence et la chaleur les heures paisibles, sont enterrés, dit-on, Guillaume de Cabestaing et la belle Saurimonde.

Guillaume de Cabestaing, ou de Cabestahn, ou, si vous voulez, de Cabestang, rappelez-vous « la légende du cœur », que Jean Aicard a portée au théâtre. C'est ici, c'est dans ce pays brûlant qu'il faut la situer... A cinq kilomètres de Perpignan, en allant vers la mer, on découvre le pauvre village de Cabestang... c'est-à-dire, Caput Stagni, *la tête de l'étang*, parce qu'au Moyen âge les étangs arrivaient jusque-là... Des champs de vignes maintenant occupent ce qui fut jadis une plaine liquide et saumâtre, et le château du seigneur de Cabestang est tombé sous les coups du temps...

Or ce Guillaume de Cabestaing, comme l'appellent la plupart des chroniqueurs, ce fut le troubadour qui soupira pour la belle

Saurimonde, la femme du seigneur voisin, le sire de Castel-Roussillon, un féroce jaloux... Lo dous cossire... chantait Guillaume, au pied de la tour où cet Othello du Roussillon avait fait enfermer sa Desdémone... Troubadour insouciant, le voilà tombé dans un guet-apens aux mains de son rival qui lui arrache le cœur et fait servir ce plat à Saurimonde. « Eh ! bien, ma mie, le trouvez-vous à votre goût? » lui demande-t-il quand elle l'a mangé... et il lui révèle l'atroce secret... Et Saurimonde se lève, toute pâle, et répond au bourreau : « Sire, certes si bon et si savoureux que jamais autre manger ne m'en ôtera le goût... » et puis elle se précipite du balcon de la tour et s'écrase sur le pavé...

Ce fut un cri d'horreur dans tout le Roussillon ; la chevalerie se leva contre l'atroce baron, le roi d'Aragon se mit à sa tête, fit enfermer l'ogre dans une prison où il périt, rasa son château de Castel-Roussillon et fit ensevelir les deux victimes à Perpignan, devant l'église de Saint-Jean... Maintenant le vent de la montagne et celui de la mer traînent la

poussière de Castel-Roussillon, où les archéo-
logues recueillent quelques informes débris du
passé, et sur la place Saint-Jean à Perpignan,
les deux amants dorment côte à côte, sous le
brûlant soleil, oubliés de tous...

Mais leur amour survit... Il flotte dans l'air
embrasé, il éclate, à jamais vainqueur, dans
les yeux des jeunes filles et des jeunes gens,
qui, le soir, sous les arceaux de la Barre,
échangent de brûlants regards... Rue de la
Barre, place de la Loge, décor d'opéra-
comique, comme le dit M. Louis Bertrand (¹),
avec ses cafés aux larges terrasses, toujours
peuplées de consommateurs, avec ses confise-
ries, où l'on vend le nougat catalan, ce tour-
ron délicieux qu'on se dispute aux approches
de la Noël, avec telle vitrine où minaudent
des poupées catalanes, filles à la coiffe de tulle
blanc et pêcheurs au bonnet rouge... Rue de la
Barre, Cannebière et Corso de Perpignan,
toute une foule le soir s'y répand, à la re-
cherche du plaisir, plus ardente encore en ce

(¹) Le Livre de la Méditerranée...

temps de guerre où les instants sont mesurés, où nul n'est sûr du lendemain...

En ce pays brûlant, où méritait de naître la légende du cœur, en cette terre où prit sa source un des premiers romans du Moyen âge, celui de « Gérard de Roussillon », en cette contrée de troubadours, d'amoureux, de soldats, de toréadors et de cigarières, où l'ombre de Guillaume de Cabestaing pourrait rencontrer celle de Carmen, — à l'ombre des églises les amants reposent...

∾

Ce pays coloré, pittoresque — et je donne à ce mot sa valeur primitive — devait inspirer un peintre, et, parmi les peintres, un grand coloriste : le 20 juillet 1659, c'est-à-dire au moment même où se négociait le traité des Pyrénées, naissait à Perpignan un enfant, auquel son acte de baptême donnait, à la mode espagnole, toute une suite de prénoms et qui s'appelait « Hyacinthe-François-Honoré-Mathias - Pierre - Martyr - André - Jean Rigaud... »

Hyacinthe Rigaud... Louis XIV venait d'acquérir par ce traité non seulement une belle province, mais son plus grand peintre...

Sur une petite place, voici en effet la statue de Rigaud et voici, non loin, dans le vieux musée mélancolique, — ce qui fut l'ancienne Université de Perpignan, — plusieurs tableaux où son génie éclate, un portrait de l'acteur Baron, un portrait du cardinal Fleury, un Christ expirant, un portrait de l'artiste par lui-même, un portrait du cardinal de Bouillon, dont Voltaire, dans le Siècle de Louis XIV, dit ceci : « Le grand tableau où il a représenté le cardinal de Bouillon ouvrant l'année sainte (c'est-à-dire l'an du Jubilé séculaire 1700) est un chef-d'œuvre égal aux plus beaux ouvrages de Rubens. »

Or ce tableau, ainsi que le portrait de l'artiste par lui-même, étaient tombés, je ne sais comment, entre les mains de M. Joseph Tastu, imprimeur-libraire à Perpignan et mari de cette M^mc^ *Amable Tastu qui fut en son temps une poétesse célèbre ; il les vendit en 1820 pour la somme de six mille francs à M. de*

Villeneuve, alors préfet du département, oc-
cupé à fonder le Musée de Perpignan...

Deux Rigaud pour six mille francs...
M. Tastu était le digne mari d'une poétesse !
On ajoute même que, desireux de faire bonne
mesure, il donna par-dessus le marché un ta-
bleau de l'ecole italienne.

Rigaud, en bon courtisan, a flatté le car-
dinal de Bouillon, dont Saint-Simon nous a
laissé un portrait, peut-être plus ressemblant :

« Le cardinal de Bouillon était un homme
fort maigre, brun, de grandeur ordinaire, de
taille aisée et bien prise. Son visage n'aurait
eu rien de marqué, s'il avait eu les yeux comme
un autre ; mais outre qu'ils étaient fort près
du nez, ils le regardaient tous deux à la fois
jusqu'à faire croire qu'ils s'y voulaient joindre.
Cette loucherie, qui était continuelle, faisait
peur et lui donnait une physionomie hideuse. »

Un grand artiste n'a pas besoin d'un beau
modèle ; l'ordonnance théâtrale du tableau,
les deux génies qui l'encadrent, les draperies
qui s'enroulent autour de leurs corps, le grand
manteau rouge du cardinal, voilà de quoi

faire oublier à Rigaud la loucherie de M. de
Bouillon.

Il semble aussi s'être flatté lui-même, quand
il s'est peint en 1727, c'est-à-dire à soixante-
huit ans, dans ce portrait, qui ne lui donne
pas plus de la cinquantaine ; il y apparaît
plein de vie et de génie, une flamme dans les
yeux, la palette et les pinceaux en main, la
tête découverte, le cou libre...

Tel, plein d'enthousiasme et plus jeune de
visage il dut quitter Perpignan, vers 1674,
pour aller à quinze ans travailler à Montpellier, pendant quatre ans, chez le peintre
Pezet ; quatre ans après il était à Lyon,
quatre ans après à Paris, un an après à Rome,
grand prix de peinture ; de Rome il revint à
Paris, où il se maria et se fixa jusqu'à sa mort,
travaillant d'un pinceau infatigable à fixer
les traits de tout ce que la puissance ou la
gloire désignait à l'attention, léguant à la postérité le visage de cinq rois, dont Louis XIV
et Louis XV, de tous les princes du sang, des
princes de la poésie, Corneille, Racine, La
Fontaine, d'un prince de la chaire, Bossuet,

*des princes du pinceau, Mignard et Lebrun,
de cette princesse du théâtre, Adrienne Le-
couvreur...*

*Cependant, dans tout l'éclat d'une gloire
qui lui venait de Paris et qui l'y retenait, il fit
une fois, en 1695, le voyage de Perpignan ;
ce fut pour faire le portrait de sa mère. Drevet
devait exécuter la gravure de ce portrait, et
Coysevox le buste... L'humble femme de Ma-
thias Rigaud, la fille du* pentiner, *du filassier
Serra, dut être bien étonnée ; sur la maison
du tailleur de Perpignan comme sur celle du
tonnelier de Rivesaltes, la gloire ajoutait ses
rayons à ceux du soleil ; au XXe siècle comme
au XVIIe, la vieille parole est toujours vraie :*
Spiritus flat ubi vult.

*Car ce peintre des rois et des princes de son
temps était fils d'un tailleur, tailleur à vrai
dire assez aisé, qui possédait sa maison et sa
vigne ; mais son aïeul, son père et son oncle
avaient été peintres ; le jeune Hyacinthe ne
faisait donc que reprendre un métier familial,
un instant interrompu... Il n'est pas rare de
voir les goûts héréditaires sauter ainsi une*

génération et les petits-fils ressembler aux grands-parents.

Son frère Gaspard partagea sa vocation et sa vie, il alla le rejoindre à Paris, y travailla la peinture, fut un estimable artiste, s'y maria et mourut, à quarante-quatre ans, en 1705, laissant un fils qu'il avait, en honneur de son frère appelé Hyacinthe, et qui fut nommé en 1726 citoyen libre de Perpignan...

Ainsi les Rigaud, dans leur gloire et leur fortune, n'oubliaient point leur ville natale, non plus que celle-ci ne les oubliait... Les couleurs de Rigaud, qui l'ont fait si souvent comparer aux plus grands des coloristes, qui l'ont fait appeler notre Rubens, ces tons chauds et vifs de sa peinture, est-ce qu'ils ne sont point faits du bleu-vert de cette mer inquiète et toujours changeante, du gris-bleuté de ces Corbières, dévorées de soleil, du mauve de ces Albères, violettes comme des montagnes de Sicile, des blancs rosés du Canigou dans l'aurore ou le crépuscule, et de cette espèce de halo blond, qui flotte sur cette terre aux tons dorés, sur ce pays roux, si bien nommé le Roussillon?

A part Rigaud et les Guerra, qui lui montrèrent la voie, le Roussillon n'a pas donné cependant, malgré toutes ses couleurs, d'autres peintres célèbres : à part le peintre Delfau, qui a brossé de bons paysages, au XIXe siècle il semble avoir plutôt inspiré les sculpteurs, tel Oliva, de Saillagouse, dont on voit, au Musée de Perpignan, des têtes de prêtres et de religieuses, d'un réalisme tout à fait puissant, tel Farrail, également expressif, tels ces artistes vivants encore, Belloc, dont les statues et les fontaines ornent les squares et les promenades de sa ville natale, et qui y dressera un jour la statue de Joffre, comme il a modelé pour Madagascar celle de Galliéni, Sudre, qui a glorifié la ville d'Elne, Violet, Manalt,... d'un art plus intime. Les modèles ne leur manquent point ici : ces têtes fortement dessinées, ces paysans aux traits aigus, ces vieilles femmes dont le front et le menton volontaires s'encadrent dans les plis du foulard noir, ces yeux profondément enfoncés sous des orbites pensives, tous ces visages expressifs et parfois rudes semblent par eux-mêmes sculptés dans quelque bois solide ou pétris d'une argile durcie au soleil de Catalogne. On y sent la mélancolie d'une race qui a vu passer bien des hommes et bien des choses et qui connaît peut-être également le néant de la gloire et celui de l'amour...

II

Mais c'est trop s'attarder sans doute à Perpignan... Car si glorieux ou si amoureux soient-ils les souvenirs qui flottent entre le palais des rois d'Aragon et le Castillet de Louis XI, — tout de même le présent formidable écrase ce passé, et, par-dessus tout ce Roussillon, ce qui plane maintenant, c'est la figure de celui qui fut le grand chef des armées françaises aux jours les plus périlleux de l'histoire de France, et ce n'est plus, semble-t-il,

Perpignan, la capitale vers laquelle descendent toutes les routes et toutes les pensées
du Roussillon — la capitale, pour nos cœurs,
du Roussillon, c'est Rivesaltes...

Rivesaltes, qu'il faut prononcer Rivesalte-s,
en détachant l's, car toutes les lettres ici se
prononcent, Rivesaltes, c'était jadis le nom
d'un vin, maintenant c'est le nom d'un village,
— dont l'histoire, par-dessus le soleil encore,
va dorer les toits de tuiles rouges.

Par la plaine qui n'est qu'un seul vignoble,
de Perpignan à Rivesaltes, on va par la grande
route de Narbonne, qui s'appelle encore la
route de France. Nous avons franchi la Tet
sur un vieux pont de pierre, d'où l'on voit,
comme s'il était tout proche, le Canigou
meubler magnifiquement tout l'horizon...

C'est l'automne, — les champs de vignes
vendangés allongent des deux côtés de la route
la splendeur de leurs feuilles que le soleil dore
diversement... Sur la route de lentes et lourdes
charrettes passent, traînées par des mulets
dont les hauts colliers agitent des pompons
rouges ; elles portent les demi-muids tout

humides du vin nouveau... Le vin ici, tout le rappelle, tout en parle...On s'attend à voir à l'entrée de chaque village s'élever un temple en l'honneur de Bacchus, et voici, dès les premières maisons de Rivesaltes, l'odeur du vin qui nous accueille...

Village, ou plutôt si l'on veut, petite ville, gros bourg, chef-lieu de canton, aux rues régulières, sans imprévu, sans pittoresque, sans côtes ni descentes, posé sur la plaine comme un jouet assez vulgaire qu'on n'a pas eu de peine à monter, avec la place de la Mairie, ombragée d'un beau platane, que domine encore la tour de l'horloge, et tout à côté l'église, qui n'a rien non plus de bien curieux, et son rétable espagnol en bois doré comme dans toutes les églises du Roussillon, — gros village de vignerons, avec ses cafés, ses platanes, — c'est étonnant comme Rivesaltes ressemble à Maillane !...

Et comme Maillane, il faut bien l'avouer, Rivesaltes tout d'abord, quand on y arrive, tout échauffé d'enthousiasme, Rivesaltes, malgré le glorieux souvenir qui flotte au-

dessus de ses toits, c'est une déception...

C'est une déception comme tout ce qui a plus de véritable solidité que d'éclat artificiel, comme l'homme de valeur modeste et profond est une déception pour celui qui est venu le voir ainsi qu'un animal étrange, comme le style de Voltaire ou d'Anatole France pour l'amateur de faux brillant, comme tous les pays, dont la pureté et la sobriété des lignes font la principale harmonie. Village de vignerons. Rivesaltes, qui a porté Joffre, a la rude simplicité du village de laboureurs où vécut Mistral...

Et voici qu'au sortir du village, — oh ! il est bien vite traversé, — près du vieux pont qui enjambe l'Agly, nous voyons une maison carrée, aux volets de bois plein, qui porte au-devant d'elle un petit jardin ombragé d'un platane aussi, et dont la grille s'ouvre sur la route... C'est la maison de Mistral?... Non pas, c'est celle de Joffre...

De ces deux destinées si différentes, le point d'appui est le même ; c'est le village natal auquel tous les deux sont restés fidèles, l'un,

servi par la fortune, ne l'a point quitté,
l'autre, entraîné par sa carrière, est allé jusqu'aux plus lointaines colonies. — Mais,
après les splendeurs de l'Indo-Chine, les mi-
rages de l'Afrique, les soleils de Madagascar,
il est revenu, obstiné, au pays natal, et tout
son luxe en ce village, qu'il eût pu éblouir de
son prestige, ç'a été, comme Mistral, d'aller
habiter une demeure nouvelle, non pas beaucoup plus riche, mais plus aérée, devant un
plus bel horizon, — non loin de la maiso
natale...

Sa maison natale, elle est là tout près en
effet, dans la rue des Orangers, qu'on appelait
jadis, au temps où il naquit, la rue des Monges,
c'est-à-dire des religieuses, — simple maison
à la porte carrée, aux modestes fenêtres, à la
face ravinée par les pluies, l'une des plus ba-
nales et des plus quelconques, et rien ne signifie mieux la puissance de la destinée que
ce rapprochement de dates : 1852-1914. 1852,
c'est ici la naissance de cet enfant, dépourvu
de tous les dons de la fortune, né d'un père
tonnelier (ici l'on ne saurait être en effet que

tonnelier ou vigneron), d'un père qui a huit enfants à sa charge, humble élève de l'école publique, et puis, parce qu'il est intelligent, et qu'on veut le pousser, du collège de Perpignan... et 1914, c'est ce même enfant, devenu général en chef des armées françaises et tenant en échec sur la Marne la plus formidable puissance qui ait jamais lancé sur le monde ses canons et ses hommes... Le même tremblement devant la toute-puissance d'un destin, qui se rit des conditions et des possibilités humaines, qui détrône les rois et couronne les plus humbles, on l'éprouve dans la maison de Charles Bonaparte, à Ajaccio, quand on voit le berceau de cet autre enfant, qui naissait en 1769, dans cette petite ville de cette petite île, loin de tout ce qui pouvait alors donner le pouvoir et qui, trente-cinq ans plus tard, devenait le maître de toute l'Europe...

Celui-ci se laissa griser par les dons magnifiques que lui fit tour à tour la Fortune ; mais l'enfant, que nous honorons ici en méditant devant sa demeure natale, sut garder par toutes les circonstances de sa vie la tête la *plus solide... Le vin de la gloire ne pouvait faire tourner la tête de celui qui, dès son enfance, avait supporté sans ivresse la divine liqueur que le soleil fabrique aux champs de Rivesaltes... Au soir de la Marne, comme ses officiers, dans l'exaltation de la première victoire française, le félicitaient, en lui disant qu'il venait de gagner la plus grande bataille sans doute qui eût mis en jeu les destinées de l'humanité. « Je ne sais, répondit-il, mais je pense que j'ai gagné peut-être le droit de me reposer un jour dans ma petite maison, en face des Corbières. »*

Les Corbières... au delà du pont de l'Agly, par ce temps clair d'octobre, fouetté d'un vent léger, dans leur dénuement lumineux, déboisées et desséchées, ces Corbières dessinent sur le ciel une ligne d'un bleu délicieux, le bleu même dont sont peintes les Alpilles, à l'horizon de Maillane... Aux deux grands vieillards, issus d'une même souche, chefs de peuples sortis du peuple, la ligne sobre des collines enseigna la sobriété dans l'art et dans l'action, la pleine lucidité d'esprit qui permet de garder au faîte des honneurs la simplicité de manières qui fait la vraie grandeur...

Aussi de quelle tendre gloire la clarté de cet octobre méridional enveloppe-t-elle la simple demeure, où tout est intact, où nul embellissement ne signale le parvenu, et le petit jardin dont le platane est moitié vert et moitié doré... Plus loin, quelques cyprès soulignent l'azur... au fond, le Canigou, qu'une première neige blanchit déjà vers son sommet, dresse sa taille épique... Spiritus flat ubi vult... Ici comme devant la maison de Rigaud, répétons cette grande parole. Ici en effet l'esprit a soufflé, le plus lucide et le plus net, nourri de toute cette lumière, de toute cette ardeur concentrée et silencieuse...

Oui, silencieuse, et que viendra-t-on nous parler encore des Méridionaux bavards ? Les trois grands vieillards, qui sous nos yeux ont atteint les sommets de la poésie, de la science et de la stratégie, Frédéric Mistral, de Maillane, Henri Fabre, de Sérignan, Joseph Joffre, de Rivesaltes, ont vécu dans la solitude la plus modeste une grande partie de leur vie laborieuse... Et tous les trois, recueillis dans le silence lumineux de leur retraite méridionale, quand les grands soleils d'été doraient les plaines du Roussillon et de la Provence, où mûrissaient le raisin et le blé, le pain et le vin pour la communion de l'homme et de la terre, tous les trois ils méditaient d'une ardeur égale une même victoire, sous des noms différents, — la victoire de la raison lumineuse, de l'Athéné toujours vivante sous les cieux méditerranéens.

A cette victoire, combien de fils du Midi, officiers ou soldats, en dépit des calomnies, n'ont-ils pas collaboré? Galliéni, dont le nom vient de Corse et qui naît à Tarbes, Sarrail, qui s'éveille aux pieds de la vieille cité de Carcassonne, Foch qui porte dans son nom comme dans ses yeux le feu de la Gascogne, Castelnau, solide et tenace comme les paysans de l'Aveyron, ses compatriotes, Joffre enfin, qui sur la Marne arrête les Barbares, comme jadis un autre Catalan, qui s'appelait Joffre le Poilu, dit la légende, vint au secours de Charles le Chauve, menacé par les Normands,

descendus eux aussi des profondeurs obscures
du Nord germanique.

« *On parlera de sa gloire, sous le chaume
bien longtemps,* » chantait Béranger, évoquant
le vainqueur d'Austerlitz... Et de celui-ci déjà
les villageois qui s'assemblent le soir de-
mandent aux grands'mères de dire la gloire.

En tout cas, gloire inconnue de Napoléon,
au bureau de tabac on vend un album, où
toute la vie de Joffre se trouve retracée par la
photographie... On y redescend de la première
à la dernière page le cours de cette existence
militaire ; le voici généralissime avec son
bicorne, sa ceinture, toute sa poitrine barrée
de décorations, voici en 1897 le colonel Joffre
qui porte encore la barbe, le voici en 1889
portant une impériale qui lui donne un air de
ressemblance avec le poète de Maillane, voici
en 1876 le jeune capitaine Joffre, et puis voici
le jeune polytechnicien de dix-sept ans... et
tout autour des vues de Rivesaltes qui l'en-
tourent, comme les rideaux d'un berceau en-
veloppent un enfant...

Rivesaltes, *ripas altas, comme il a le droit*

en effet, ce village, de les élever hautes, ses rives, au-dessus des eaux de l'Agly, au-dessus surtout des eaux de la Sprée... Rivesaltes !... à ce nom, Cyrano ne crierait plus : Halte, *pour rimer* (¹), *en arrêt devant le cru fameux et délicieux ; il crierait* Halte *encore, mais en saluant de l'épée, comme devant un drapeau !* (²)

De Rivesaltes, par un chemin de fer indolent, on remonte la vallée de l'Agly, qui longe les Corbières et sépare le Roussillon de l'Aude... Les petites gares s'égrènent, Cases-de-Pène, Espira-de-l'Agly, avec son couvent de trappistines, où des soldats tiennent garnison, Estagel, fière d'avoir donné le jour au grand Arago...

De plus en plus la vallée se resserre et l'on s'engage entre des murs de roches blanchâtres, qui tantôt se rapprochent et tantôt s'écartent

---

(¹) E. ROSTAND, Cyrano de Bergerac, *Acte* Iᵉʳ.
(²) *V. sur Rivesaltes la note à la fin du volume.*

comme pour laisser la place aux vignobles,
qui, dans ces abris surchauffés, extraient de
la terre maigre et parfumée un vin spéciale-
ment capiteux...

Ce sont les Corbières, dénudées, aux arêtes
âpres, délavées par les pluies, pâlies, dirait-
on, et décolorées par des soleils trop violents...
Seules dans les couloirs où la vigne refuse de
pousser, les plantes aromatiques s'accrochent
aux interstices des pierres, aux coulées de
terre ; les romarins, les thyms, les cystes, les
chênes-kermesses, les genévriers, les arbousiers
vivent là pêle-mêle, et surtout les genêts qui,
le printemps venu, font éclater leur fanfare
jaune sur les roches blanches, parfumant,
me dit-on, d'une odeur souveraine tout ce
maquis dont l'automne assoupit les parfums.

Mais partout où la terre est plus abon-
dante, c'est tout de suite le vignoble ou le
verger d'oliviers ; là, comme en bien d'autres
contrées, éclate aux yeux le travail patient
du peuple méridional... Race de cigales, de
chanteurs insouciants, dit la légende à l'usage
des gens du Nord, qui n'ont connu des Mé-

ridionaux que le sourire aimable et l'alerte plaisanterie, grâce à cette sorte de pudeur que nous avons de cacher nos peines et nos travaux... Mais que l'on prenne soin de regarder, des Alpes aux Pyrénées, toutes ces berges de pierres sèches au flanc des collines soutenant la terre, qui sans cela coulerait au fond des vallées !

« Le paysan ramasse son champ au bas de la pente, » dit Michelet en Provence, faisant allusion aux pluies d'orage, subites et violentes... C'est trop dire : le paysan n'a pas la peine de ramasser son champ, il a prévenu sa descente, — car depuis des générations ces murs de pierre sont là qui empêchent le glissement du sol et, sur les pentes les plus rudes, soutiennent l'enracinement patient des vignes et des oliviers... Ici comme ailleurs, grâce à ce travail admirable, le bon vin se prépare à l'aise en ces défilés ensoleillés, où la chaleur le fait bouillir comme dans une cuve naturelle...

Avec une égale ardeur, les idées ont fermenté dans la tête des Arago... C'est le gros bourg d'Estagel qui se glorifie de leur enfance et de leur souvenir...

Ils y sont tous nés en effet, les uns restés obscurs et quatre d'entre eux devenus célèbres, les quatre frères Arago, les quatre fils de ce petit propriétaire d'Estagel qui prit sa licence en droit et devint payeur à l'Hôtel des Monnaies de Perpignan ; l'aîné, Dominique-Jean-François Arago, le grand Arago, et puis, Jean, qui devait finir général de l'armée mexicaine, Jacques, qui fut auteur dramatique, Étienne, qui fut vaudevilliste et député...

Il est peu de familles que l'esprit ait éclairé plus vivement ; la lumière qui coule de toute part sur ces terres dépouillées, où tout prend une valeur « spirituelle », elle semble avoir passé dans ces belles têtes ardentes et pensives, dans ces intelligences lucides, qui ont servi d'une même ardeur la cause de l'esprit et celle de la liberté...

Jean, peu satisfait de son sort à Perpignan, où, comme son père, il est payeur à la Monnaie, s'embarque en 1817 pour l'Amérique, défend contre les Espagnols l'indépendance *du Mexique, y devient général, y meurt en 1836, sans laisser de quoi payer sa sépulture, après avoir gouverné la province où se trouvent les plus riches des mines d'or...*

Jacques, en 1817, la même année que son frère gagne l'Amérique, s'embarque sur l'Uranie, qui fait le tour du monde et dont il racontera plus tard le voyage ([1]) ; à son retour le voilà journaliste, homme de théâtre et même directeur de théâtre, à Rouen en 1835 ; il devient aveugle en 1837, mais ce malheur ne l'empêche ni de travailler ni d'être spirituel ; la lumière d'Estagel illumine toujours son esprit alerte...

Étienne, dont l'existence s'allonge sur tout le XIXe siècle (1802-1892), dirige de 1830 à 1840 le Vaudeville de Paris, s'exile au 2 décembre, compose dans son exil un poème en cinq chants contre le coup d'État ([2]), devient maire de Paris en septembre 1870, député des Pyrénées-Orientales en 1871, conservateur du musée du Luxembourg en 1875.

([1]) Voyage autour du Monde.
([2]) Le Deux Décembre.

Mais la gloire de François a rayonné si fort autour de lui, que dans ce rayonnement ses frères, dont toute autre famille pourrait se glorifier, maintenant passent inaperçus ; Arago, sans prénom, tout simplement, à Perpignan comme à Paris, ce n'est maintenant ni le général mexicain, ni le journaliste, ni le vaudevilliste, c'est le grand astronome et le grand républicain de 1848.

Il naît à Estagel, en 1786, en cette fin du XVIIIe siècle si bouillonnante d'idées et de désirs.... Dès son enfance, l'ardeur de l'époque et celle de son pays échauffent son caractère : en 1793, comme les Espagnols, après la bataille de Peyrestortes, près de Rivesaltes, se débandaient en fuite à travers le pays, François Arago, âgé de sept ans, s'arme d'une lance et frappe le chef d'un groupe de cavaliers qui traversaient Estagel... Des paysans accourent à la rescousse et s'emparent des Espagnols...

Avec des goûts aussi belliqueux, élève à l'école primaire d'Estagel, puis au collège de Perpignan, François Arago rêve de la carrière militaire, dont la gloire enfièvre alors toutes les jeunes imaginations... Sur les remparts de Perpignan, les remparts aujourd'hui démolis, un jour il aperçoit un jeune officier du génie et lui demande comment il a pu, si jeune, gagner l'épaulette ; l'autre lui explique ce qu'est l'École polytechnique... De l'École polytechnique, sur ces mêmes remparts, nous savons qu'un autre enfant rêvait aussi, bien des années après...

Arago, sans maîtres, s'y prépare, dévorant tout seul les ouvrages de mathématiques qu'il peut se procurer... A Toulouse, quand il se présente devant l'illustre Monge, Monge toise ce petit collégien de Perpignan et lui propose de ne pas l'interroger, pour gagner du temps, comme si ce n'était pas la peine de tenter l'épreuve... « Veuillez m'interroger ; c'est votre devoir, » dit simplement Arago ; et, l'examen terminé, Monge se lève, embrasse le petit Catalan et lui déclare qu'il sera le premier sur la liste d'admission. « J'avais entendu, dit Arago, les candidats toulousains débiter des sarcasmes très peu aimables sur les élèves de Perpignan ; c'est surtout à titre de réparation pour ma ville natale que la démarche de M. Monge et sa déclaration me transportèrent de joie. »

Fier de sa race et de sa ville, le jeune Catalan part pour Paris à dix-sept ans ; à vingt-trois ans, il est élu membre de l'Académie des sciences... On connaît assez ses grands travaux scientifiques et son rôle politique ; je veux souligner ici simplement ce qu'il doit à son pays : c'est, à n'en pas douter, la clarté de l'esprit et la passion de la liberté...

La clarté de l'esprit ; il voulait être compris de tous et l'était toujours ; au début de son cours il cherchait au milieu de l'auditoire la tête la plus niaise, et chaque fois que la démonstration devenait plus ardue, il attachait ses regards à cette tête-baromètre ; il ne considérait ses explications comme satisfaisantes qu'au moment où cet auditeur moins intelligent semblait être satisfait...

La passion de la liberté, — que ce soit sur le versant espagnol ou sur le versant français, elle a de tout temps agité les têtes catalanes...

A l'École polytechnique, Arago vote contre le Consulat à vie, Napoléon le flatte et le protège, mais Arago ne s'abaisse point devant lui ; sous la Restauration, il est libéral, mais, en 1848, il protège l'archevêché de Paris contre la foule ameutée, et comme on menace de le jeter dans la Seine, il répond avec un sourire : « Mes amis, faites donc attention. Je ne sais pas nager. » Un Lamartine devant l'émeute est plus grandiloquent ; le sourire méridional d'Arago est tout aussi héroïque, et il est plus simple... Il est du même pays, celui qui, menant la plus terrible guerre contre les plus cruels ennemis, dit simplement : « Je les grignote. »

En 1836 Arago est élu député de la Seine et des Pyrénées-Orientales ; il choisit de représenter son pays natal ; en 1848 il est membre du gouvernement provisoire ; il fait signer le décret qui abolit l'esclavage aux colonies, celui qui supprime les peines corpo-relles dans la marine ; au 2 décembre, il refuse de prêter serment comme directeur de l'Ob-servatoire, et de même que le premier Empire,

le second Empire s'incline devant son génie...
Il ne survécut point à la liberté qu'il avait
servie dès son enfance ; en 1853 il meurt,
laissant deux fils, qui continuèrent sa lumineuse tradition, l'un, Alfred, peintre d'histoire, l'autre, Emmanuel, avocat, député des
Pyrénées-Orientales comme son père et
membre du gouvernement de la Défense nationale en 1870...

Estagel, comme Perpignan, a honoré d'une
statue de bronze la mémoire d'Arago ; sur la
petite place se dresse cette tête pleine de génie ;
le village, tout modeste autour d'elle, semble
un arbre trop frêle pour le fruit qu'il a porté...

Estagel est encore Catalan, mais, plus loin,
Maury dépassé, qui donne du bon vin, voici
Saint-Paul-de-Fenouillet, qui est français
depuis le Moyen âge. Dès le XVIIIe siècle la
seigneurie de Fenouillet ou plutôt de Fe-
nouillèdes était rattachée à la couronne de
France.... Voici le pays des gavachs, —
terme méprisant par lequel les habitants du
Roussillon désignaient jadis ceux du Lan-
guedoc... L'accent, de fait, est déjà moins

chantant et plus rude ; le paysage aussi est
plus âpre, d'un côté les gorges de la Fou, où
bouillonne la Balzanne, de l'autre, celles de
Galamus, farouchement taillées par l'Agly...

Dans l'église du vieux village, au fond
d'une chapelle sombre, une inscription funé-
raire sur la tombe d'un curé-doyen du
XIVᵉ siècle, dit mélancoliquement :

PLANGITE, QUI CUPITIS MORTEM VITARE SEVERAM ;
QUOD SUM VOS ERITIS, QUIPPE QUOD VOS ESTIS ERAM.

Double harmonie, où la musique des brèves
et des longues, sur lesquelles s'appuie le vers
latin, s'allie à celle de la rime, qui soutient
le vers français — double cadence qui souligne
l'amère réflexion : « Pleurez, vous qui désirez
— éviter la mort sévère — Ce que je suis vous
le serez — puisque j'étais ce que vous êtes. »

N'importe, malgré ce triste présage, respi-
rons l'odeur des Corbières... elles ne sont qu'un
long parfum, une cassolette de pierres, et ce
parfum s'évapore même dans le nom des
villages. Saint-Paul-de-Fenouillet, oh ! le
oli nom, tout embaumé de l'herbe aromatique,

pays du fenouil, où l'on rêve d'un lapin des champs, qu'on mangerait dans un civet parfumé par toutes les herbes de ces garrigues... Plaisir de la chasse dans les Corbières, tel que me le contait tout à l'heure un habitant, les chevaux sellés à l'aube qui piaffent devant la porte, sur la route fraîche le petit trot qui secoue les songes et le sommeil, le lever du soleil dorant les roches blanches, la poursuite à travers les buissons du lièvre ou du perdreau, le déjeûner dans une métairie, l'eau fraîche, le bon vin, le muscat au dessert et la sieste sous les acacias !

Mais si de Rivesaltes, au lieu de remonter l'Agly, on suit son cours, on est dans la vaste plaine de la Salanque... Jadis la mer vivait là, tout ce Roussillon étant sans doute un immense golfe délimité par les Corbières, les Albères et les pentes du Canigou...

Aux siècles historiques encore par ici les marécages ou les étangs se développaient comme plus haut ceux de Salces et de Leu-

cate... Toute cette plaine jouettée par le vent
marin a été conquise sur les eaux.

Un petit chemin de fer d'intérêt local fait
jusqu'à la mer des contours, qui ont l'air capricieux, mais qui sont au contraire nés du
désir louable de desservir tous les villages, avec
un de ces petits trains qui ont toujours un peu
l'air de joujoux échappés de leurs boîtes, ces
minuscules trains qui ne sont pas du tout
pressés et qui s'arrêtent, bons enfants, à toutes
les portes. De leurs plates-formes on voit bien
les campagnes, les villages, les gens sur les
routes ou les quais des gares... Le dimanche,
toute la population y est assemblée le matin
pour accueillir et le soir pour accompagner
les permissionnaires...

On s'en va de la sorte à travers les vignobles
et les vergers jusqu'au Barcarès, qui est une
petite plage, — on ne peut pas dire un petit port,
car ce port n'existe pas, — avec un groupe de
maisons et des barques de pêche... Sur la
gauche du village catalan, se dresse une sorte
de village nègre, semble-t-il, une aggloméra-
tion de paillottes. Là, me dit-on, vivent des

pêcheurs espagnols ou nomades, qui subsistent uniquement du produit de leur pêche, formant une sorte de tribu sous la direction d'un chef et se partageant tous les matins le produit de la pêche nocturne, faite avec de grands filets de halage. Le dernier coup de filet, la pesco de l'aubo, *la pêche de l'aube,* est consacré uniquement aux matelots, le patron n'y ayant aucun droit ; ce sont les poissons de la dernière, ou plutôt de la première heure.

A part la mer —, et c'est beaucoup, — il n'y a rien à voir au Barcarès, si ce n'est le Vatel du lieu, qui, le teint rose, et comme recuit au feu de ses fourneaux, la moustache blanche taillée en brosse, avec un air de dignité infinie, d'un accent mystérieux et onctueux, vante l'excellence de sa boullabaisse, qu'on vient, dit-il, goûter de Paris, de Barcelone et même, fait incroyable, de Marseille... Il montre, plein de majesté, la place où déjeûnait, la veille encore, tel député ou sénateur célèbre dans le pays... Il sourit de pitié en parlant de ses confrères de Perpignan : « Vous déjeunez à l'hôtel de ***. Je vous plains ! » Il reçoit ; ce n'est pas **un** commerçant, c'est un hôte, on a envie de l'inviter à s'asseoir, et l'on s'étonne à la fin du repas qu'il veuille bien accepter une somme, dont on ne peut, n'est-ce pas, discuter avec un homme si digne le montant !...

Le soir, quand on revient, plus encore que le matin, la population vient assister au passage du train-jouet ; il y a là surtout beaucoup de femmes ; celles qui sont en deuil portent sur la tête un foulard noir, qui allonge et souligne les traits graves de leurs visages ovales, — les autres portent la coiffe catalane, la coiffe blanche plus ou moins brodée suivant leur degré d'aisance ou de coquetterie, d'autres enfin, les plus jeunes surtout et les plus nombreuses, hélas ! en cheveux ou bien arborant des chapeaux à la dernière mode de Paris, mais qui ne parviennent pas tout de même à les empêcher d'être jolies... Jolies et vives aussi, paraît-il...

« Les femmes de Saint-Laurent-de-la-Salanque, dit le guide que je consulte au moment où le train s'arrête à cette station, les femmes de Saint-Laurent-de-la-Salanque

sont impétueuses... » (¹) *Je veux le croire,
mais le sont-elles autant que celles de Banyuls,
qui se groupèrent à la gare, me raconte-t-on,
à l'arrivée du train qui leur apportait un per-
sonnage politique impopulaire, ie ne sais trop
pour quelle cause, et désireuses de lui témoi-
gner leur mépris, se tournèrent toutes ensemble et d'un geste rabelaisien lui montrèrent l'envers de leur visage...*

Voilà de l'impétuosité concertée ; mais cette
impétuosité de la race a le plus souvent des
élans spontanés, qui la portent d'un seul
coup aux plus hauts sommets de la colère ou
de l'enthousiasme. Il y a dans le caractère des
habitants comme dans celui du pays qui les a
formés, peu de transitions ; des mimosas et
des vergers de la plaine on s'élève rapidement
aux neiges du Canigou ; les petits fleuves, où
l'on fait en été sécher le linge, sont l'hiver de
terribles torrents... La Basse, humble ruisseau
qui traverse Perpignan, inondant ses quais
et tous les quartiers avoisinants, a fait en

____

(¹) PIERRE VIDAL, Guide des Pyrénées-Orientales.

vingt-quatre heures plusieurs millions de dégâts... Telle petite brise du matin devient le soir un vent furieux... Et la bataille de la Marne aussi, ce sera dans le souvenir des nations l'histoire d'une formidable saute de vent...

III

Sous le ciel de Perpignan, on sent à la couleur, et parfois à l'odeur de l'air, que la Méditerranée est proche... De fait, à travers un plateau couvert de vignes, où se dresse la vieille tour de Castel-Roussillon, un tramway électrique vous conduit, le long de dix kilomètres de voie, jusqu'à la plage de Canet, — stérile et désolée par des bourrasques incessantes, toute semblable à celle du Barcarès... Mais pour jouir de ce qu'on a nommé la côte vermeille, il faut aller de Perpignan vers Cerbère ; alors dès qu'on a dépassé la station d'Argelès, on aperçoit la Méditerranée...

On se penche à la portière du train qui vous

amène vers elle... On croit qu'elle va venir à vous, toute grande ouverte, mollement défaite et donnée comme celle de Provence, — et puis on est toujours déçu, car de la route que suit le train c'est à peine si on l'aperçoit par quelques échappées... On espérait une longue caresse, ce ne sont que de rapides baisers, de petites criques au bord d'une mer qui semble toujours inquiète, abris pour de petits navires, à peine ouverts, comme si la terre abrupte se refusait ici à laisser pénétrer chez elle les flots, qui gémissent à ce rude accueil,... de simples « balcons sur la mer », comme dit le poète catalan Henry Muchart.

Ce n'est pas ici la côte d'azur, avec ses golfes bien dessinés, suavement arrondis, ses pins bruissants jusqu'au bord de la mer... Les Albères montrent leur schiste sombre et dé-nudé... On dirait un visage rongé par le feu d'une passion concentrée.

Dans cette côte inhospitalière s'ouvrent pourtant trois maigres anses, avec trois villages de pêcheurs, Collioure, Port-Vendres et Banyuls.

Des trois, Collioure est le coin le plus pittoresque ; de son nom mauresque de « Koukou-Illiberis » il semble avoir gardé une grâce exotique et sauvage ; Vauban a surajouté au petit port antique des travaux de défense, dont les pierres ont pris sous le soleil une jolie patine : du fort du Miradou la vue, comme le nom l'indique, est étendue et jolie, elle va vers le nord jusqu'au cap Leucate, aux limites du Roussillon, découvrant sur les plages les villages des pêcheurs, Argelès, Canet, le Barcarès. En allant de Collioure vers Port-Vendres, sur la route en corniche, le petit port avec son église et ses fortifications s'arrange assez bien pour avoir tenté plus d'une fois les peintres du pays et les étrangers...

Port-Vendres est une longue calanque, qui s'enfonce assez avant dans la terre et que dominent les contreforts des Albères... Sur cette côte rigide, à l'accueil avare, on comprend quelle fut dès l'antiquité sa réputation ; pour les timides navigateurs de jadis, c'était le bon abri, qui semblait d'autant plus sûr qu'il était seul aussi sûr ; c'était, après une traversée incertaine, sur cette mer fouettée d'un vent continuel, la confiance et la détente auprès d'une population sans doute accueillante, — dont les femmes devaient ouvrir aisément les bras aux matelots, et de là vient peut-être que ce port fut mis sous le vocable de Vénus, dont un temple s'élevait là, Portus Veneris..

Portus Veneris... *Dans ce Roussillon, colonisé par les Romains, mais où subsistent, après tant d'orages et d'invasions, si peu de souvenirs romains, sur cette terre, où s'est effacé le souvenir d'Annibal, celui de Sertorius, de César et de Pompée, ce nom de Vénus vit encore... éternel comme la passion...* Portus Veneris... *par une belle journée, sur les quais, où passent lentement les attelages au collier haut ornés de pompons rouges, traîne l'odeur des caroubes et celle de la mer... Sur la roche violette des Albères qui forme le fond du décor nulle végétation... Tout flambe, sans ombre, sous le soleil cru ; quelle ardeur, quelle passion recuite et concentrée ! C'est ici le temple d'une brûlante déesse* d'une implacable et cruelle volupté !...

Voilà un point de vue de poète ; je dois ajouter qu'au point de vue pratique Perpignan a dès longtemps détrôné Port-Vendres !

Si Port-Vendres est sous le vocable de l'amour, Banyuls est devenu célèbre sous la protection de son vin ! Quelle vertu secrète gît dans ce terroir pour que ce vin fabriqué sur des coteaux arides par des vignes semblables à d'autres emplisse la tête, sitôt qu'on en a bu quelques gouttes, d'une chaleur tournoyante propice à l'éclosion des rêves les plus optimistes ?... Ici, le vin le plus ordinaire est du vin de luxe, sirupeux et sucré, tant il est chargé d'alcool !

A part son vin, Banyuls n'a d'autre gloire que celle d'un sanatorium, qui se chauffe frileusement au soleil dans une crique, et d'un laboratoire d'océanographie, installé par l'Université de Paris sur la presqu'île qui forme à moitié le petit port, — laboratoire qui, pour l'heure, vidé de ses poissons et de ses crustacés, abrite et réchauffe les blessés de Champagne et de Lorraine...

Quand on a dépassé Banyuls, le décor devient plus âpre; sur la droite les roches s'entassent, d'une couleur ocre, comme si l'on avait jeté sur elles une grande cape espagnole, où s'enveloppe déjà tout le sombre mysticisme d'une race qui ne se livre point à l'étranger.

Et voici Cerbère, aussi rude que son nom l'indique... L'étymologie veut que ce soit ici « un lieu hanté par les cerfs (cervus) », mais je pense plutôt que ce nom de Cerbère est bien celui du vieux gardien des enfers, du chien à la triple gueule qui aboie à l'entrée du Tartare... Au seuil de l'Espagne, c'est le chien de garde toujours dressé et grondant...

Je demande qu'on ne voie ici nulle allusion discourtoise à la douane, bien qu'en ce temps de guerre elle soit plus exigeante encore qu'à l'ordinaire... Le jour que j'y suis, la frontière précisément est fermée; nul ne peut passer le tunnel qui, au sortir de la gare de Cerbère, s'enfonce jusqu'à Port-Bou. Alors des Espagnols sont là, traînant sur des banquettes ou couchés à même le sol, le visage olivâtre, le feutre noir écrasé sur la tête, roulés dans quelque vieille couverture, dont la couleur est celle des roches qui dominent Cerbère et son anse médiocre...

Car Cerbère n'est plus même un port, c'est maintenant une gare, tout d'abord... Autrefois c'était, dit-on, un nid de contrebandiers ; on regrette presque les contrebandiers et leur pittoresque hypothétique d'opéra-comique en contemplant ce triste caravansérail, avec ce chemin de fer et cette gare dressés péniblement entre la mer et la montagne, dans un espace si restreint qu'on a dû faire un énorme remblai, dont la masse écrase le petit village et ses quelques barques de pêche... Tout cela donne l'impression de quelque chose d'artificiel, de volontaire, d'un pénible trait d'union, d'une soudure pas bien solide faite à grand renfort de matériaux entre deux nations, qui ne s'attirent point à travers les monts aussi aisément que le font les Italiens et les Provençaux... Je me souviens de Menton, de Vintimille, de leur air affable, de leur fraternité, qui rit sur les visages gais, dans les yeux des jolies filles... Entre la France et l'Italie la frontière apparaît une vaine ligne, — mais ici elle est évidente ; en dépit de Louis XIV, il y a toujours des Pyrénées...

Cependant, malgre cette abrupte géographie, les esprits se tournent de Perpignan vers Barcelone plus aisément encore que vers Paris : échanges commerciaux, relations d'amitié ou de parenté, invitations, mariages, d'un versant à l'autre des Pyrénées, entre les deux villes, les communications sont incessantes, et la langue, qui est la même à peu de chose près, est un lien tout naturel...

Mais tandis que la Catalogne espagnole, grâce à l'importance d'un centre tel que Barcelone, est restée assez vivante pour conserver à sa langue une vie nationale et littéraire, la Catalogne française, entravée par la centralisation française, voit de jour en jour, comme toutes les provinces de notre Midi, décliner la vieille langue, qui, toujours davantage, à la ville, puis au village cède la place au Français... Et dans cette agonie de sa langue, le Roussillon n'a pas eu, pour le consoler de sa décadence, une chanson comparable à celle de Mistral...

Au reste, en dépit de son beau climat et de ses magnifiques paysages, ce Roussillon n'a point porté beaucoup de poètes ; peut-être cette race fut-elle trop batailleuse pour cultiver la poésie, amie de la paix et des longs loisirs .. Être les portiers des Pyrénées (1), *comme dit Michelet, cela ne laisse point la liberté d'esprit qu'il faudrait pour les célébrer..*

Quoi qu'il en soit, c'est peu de chose que la vieille poésie du Roussillon, uniquement religieuse ou populaire ; religieuse, ce sont les goigs, en l'honneur de la Vierge ou des saints, cantiques sans grande valeur, ou bien quelques mystères dont on possède encore les manuscrits (2) *; populaire, ce sont les chansons qui accompagnaient les danses, telles que les* corrandas, *mélodies dont quelques-unes sont restées encore célèbres, et parmi toutes le chant du* Pardal (le Moineau), *ou la chanson devenue nationale, qui célèbre le Canigou...* Montanyas regaladas...

---

(1) MICHELET, Tableau de la France.

(1) *Voir sur tous ces sujets :* JEAN AMADE, Anthologie catalane, *Comet, Perpignan,* 1908.

En dépit de ces quelques chansons au charme étrange et prenant, on peut dire que la poésie catalane était assez indigente, quand de cette indigence qu'ils comparaient avec impatience à la belle floraison de Barcelone ou d'Avignon, de nobles esprits ont eu honte vers le milieu du siècle dernier, et, s'élançant à la suite d'Antoine Joffre, — qui n'a de commun que le nom avec le Joffre de la Marne, — Justin Péprat a revendiqué pour la langue catalane le droit de redevenir une reine de paysanne qu'elle était, Pierre Talrich, dans l'exil de Paris, a célébré l'Albère, les bords du Tech, le Vallespir et ses amandiers fleuris, les amandiers du Roussillon que Chantecler verra trembler au vent des Pyrénées ([1]), Joseph Bonafont a glorifié Bernard d'Oms, le dernier héros de l'indépendance catalane, Jules Delpont a chanté Majorque et Valence, la fraternité des Catalans d'Espagne et de France, Albert Saisset a diverti le public par des fables et des saynètes, Jacques Boher a écrit des hymnes

---

([1]) E. ROSTAND, Chantecler, *Acte I*er.

religieux, enfin *Jules Cornorol, Joseph Pons, P. Francis, Jean Amade, Charles Grando, G. Violet, Paul Bergue, Albert Janicot,* et quelques autres maintiennent avec des talents divers la tradition catalane.

D'autre part, en face de cette poésie dialectale, le Roussillon a récemment inspiré des écrivains français de talent qui honorent et célèbrent leur pays natal : *Henry Muchart, François Tresserre, Pierre Camo,* évocateurs pittoresques, poètes colorés de la mer et de la montagne, et, plus jeunes, promettant des œuvres sans doute intéressantes, *Frédéric Saisset, Henry Noëll, Jo Ginestou, Albert Bausil, Charles Bauby* et puis un jeune poète, dont l'œuvre, hélas ! est terminée, *Henri Arrès,* mort au champ d'honneur, enfin des femmes aussi, *Marie Affre, Lucie Cuillé, Jeanne Nérel,* qui, elle, écrit surtout en prose et qui a donné comme cadre la vallée du Tech à un beau roman pathétique et coloré (¹).

(¹) Jeanne Nerei., Ma sœur Monique, *Fasquelle,* Paris.

*Ces écrivains s'expriment par divers or-
ganes,* Le Coq Catalan, Montanyas regaladas, *et surtout* la Revue Catalane, *organe de
la* Société d'études catalanes *qui, depuis dix
ans, a fait en Roussillon le meilleur travail
régionaliste.*

*Toutefois, malgré ces efforts très intéres-
sants, le Roussillon n'a point encore de grand
poète vraiment national ; aucun ne s'est encore rencontré qui pût s'égaler à la taille
épique du Canigou, ce symbole de l'idéalisme
catalan, comme dit Jean Amade ; le catalan
d'Espagne, Verdaguer, a voulu se mesurer à
lui, mais son poème, plus volontaire qu'inspiré,
portant quelques beaux épisodes, fait cependant avec peine l'escalade de la cime incom-
parable* (¹)...

––––––––––

(¹) Jacinto Verdaguer, Canigő.

IV

La Têt est le fleuve central du Roussillon, il apporte à la plaine les eaux fraîches des Pyrénées, il arrose Perpignan... Quand on remonte son cours, les villages et les petites villes s'égrènent le long de la route et du chemin de fer, le Soler, Millas, Ille, célèbre jadis par ses pêches que le poète catalan Verdaguer a célébrées, les plaçant sur la table des fées du Canigou (Lo pessech d'Illa com pom d'or rosseja), Ille appelée jadis la noble, à cause de ses vieilles familles, dont il ne reste plus beaucoup, et de ses remparts démolis, — plus haut Vinça, qu'on nommait la Sainte, à cause de ses couvents, qui ont disparu comme la noblesse d'Ille, Prades, qu'on nommait la coquette, à cause peut-être de ses jardins et de ses platanes et sûrement à cause de ses jolies filles, toujours souriantes, et, paraît-il, pas très farouches... On est au pied du Canigou dont les arêtes vives, soulignées de neige, se dessinent si nettement qu'il semble qu'en étendant un peu la main on pourrait, dans l'air très clair, les toucher sans effort. On dirait une grande fleur blanche, comme l'a chanté Verdaguer :

Sembre la serra un giganti magnoli
Quand s'esbadellan ses poncelles blanques (1).

Le chemin de fer poursuit péniblement sa route et s'arrête, essoufflé, hors d'haleine et de vapeur, à la gare de Villefranche-de-Conflent, d'où s'élance la ligne électrique qui monte vers la Cerdagne...

C'est une ville bâtie dans une gorge, une forteresse plutôt qu'une ville, une sentinelle qui barre brusquement la vallée de la Têt à ceux qui voudraient la remonter ou la descendre... Car c'est ici le chemin qui, traversant la vieille province du Conflent, allait de la Cerdagne au Roussillon... Aussi, à l'entrée de ses domaines, Guillaume Raymond, comte

______

(1) « La montagne semble un gigantesque magnolia,
— Quand s'entr'ouvrent ses pétales blancs. »

de Cerdagne, éleva-t-il cette porte solide à la fin du XIᵉ siècle.

Les rois d'Aragon, quand ils en furent maîtres, s'appliquèrent à la fortifier mieux encore, et quand Villefranche fut tombée aux mains du comte de Bussy-Rabutin (¹), le cousin célèbre de Mᵐᵉ de Sévigné, et que la Cerdagne fut à la France, Vauban, qui vint par deux fois aménager le pays contre l'Espagne, refit toutes les fortifications de Villefranche, et, dominant la ville, sur l'autre rive de la Têt, construisit de toutes pièces une forteresse, où, de loin, sa forte marque éclate aux yeux...

Vieille forteresse, solide encore, récemment déclassée, où rien n'a bougé, où rien ne parle des temps présents, si ce n'est le fil du téléphone, et qu'on utilisa récemment pour loger des officiers allemands... Ils étaient là, lourdement vautrés, dans des fauteuils de toile ou se promenant d'un air ennuyé et rogue, qui glaçait dans le cœur la pitié qu'on eût été disposé à donner à des prisonniers... Le cœur

---

(¹) *V.* Mémoires *de* BUSSY-RABUTIN *t.* II, *p.* 189 .

rejette leur souvenir hostile pour se reporter, avec plus de commisération, vers les femmes que Louis XIV fit enfermer dans un horrible cachot de la forteresse ; fermée par d'énormes portes que commandent des clefs monstrueuses, voici « la prison des Dames », un bizarre souterrain qui n'a d'air que par un soupirail grillé ; — là, pendant vingt ans, croupirent deux empoisonneuses, la Chopelain et la Guisdon, complices de la Brinvilliers dans la fameuse « affaire des Poisons »...

Au sortir du fort, on secoue ces tristes souvenirs devant l'admirable paysage ; en face, la vallée de la Têt qui descend vers Prades et vers Perpignan, là-bas, dans la plaine, — à droite, celle du Cady qui mène à Vernet-les-Bains, plus haut les Pyrénées, le Carlitte neigeux qui s'enveloppe de nuages ; de là-haut, la ville, avec ses maisons bien rangées derrière ses remparts géométriques, a l'air d'un jouet posé là pour amuser quelque enfant gigantesque, un petit-fils de ce vieillard grave, le Canigou, berger des Pyrénées...

L'air fraîchit... Nous rentrons dans la ville,

en traversant la Têt sur un vieux pont que gardent les rudes poternes de Vauban... Et voici qu'en passant devant la poste, le vieux casernier qui m'accompagne, un ancien gendarme, me dit tout à coup :

— C'est ici qu'était autrefois la chefferie du génie... Voici la fenêtre du cabinet de M. Joffre...

— M. Joffre !... Quoi, Joffre habitait donc ici ! — Dans un recoin de ce pays qui l'a formé et qui maintenant bourdonne au bruit de sa renommée, au pied du Canigou, voici que je trouve encore son souvenir !

— Oui, Monsieur, reprend mon vieux gendarme, pendant deux ans M. Joffre a été ici chef du génie, car alors il y avait à Villefranche une chefferie, avant qu'on eût désaffecté la place... Et même M. Joffre a assisté à mon mariage, — c'était en 1885, — il a trinqué avec nous !

Le vieux maintenant remâche ses souvenirs, heureux d'avoir trouvé un auditeur complaisant, et comme si d'avoir trinqué avec Joffre maintenant suffisait à son bonheur... Mais ce

Joffre, il l'appelle toujours M. Joffre, comme s'il était encore ce jeune capitaine du génie à Villefranche ; il ne se rend pas compte que la gloire vient pour nous de supprimer ce « Monsieur »... Ainsi des paysans de Maillane se vantent d'avoir fait la partie avec « Monsieur Mistral »...

Mais les souvenirs de ce brave homme n'ont rien de sensationnel... M. Joffre était chef du génie, voilà tout, il faisait son petit travail...

— Est-ce vrai qu'il parlait peu?

— C'est vrai qu'il ne parlait pas beaucoup, mais il était bien aimable...

Comme nous causons, un entrepreneur de travaux survient, avec lequel nous avons affaire :

— Je ne savais pas, lui dis-je, que Joffre eût été chef du génie à Villefranche !...

— Oui, me dit-il, et si bien qu'il était en pension chez nous... J'étais alors tout enfant... il y a de cela trente ans... mais je me le rappelle très bien... Tenez, quand il est parti pour les colonies, il nous a donné à chacun une pièce de vingt francs !

Dans cette sombre petite ville, en ce vrai coupe-gorge, dans cette minuscule place forte au pied du Canigou, en cette étroite vallée où l'hiver le soleil, me dit-on, ne se montre qu'une heure, Joffre a travaillé, taciturne, pendant deux années... C'était le capitaine Joffre, le chef du génie de Villefranche-de-Conflent (Pyrénées-Orientales), un honnête officier de petite ville, comme Napoléon Bonaparte à Valence ; il parlait peu, mais il était bienveillant pour tous. Les distractions sont rares à Villefranche ; quand tout dormait à l'abri des remparts de Vauban, M. Joffre travaillait tard dans la nuit... Il préparait (il ne le savait pas lui-même) la défaite de l'Allemagne...

Les officiers allemands, qui se vautraient là-haut, arrogants et grossiers, dans leurs fauteuils de toile, est-ce qu'on leur a dit que Joffre avait médité deux ans à l'ombre des murailles de Vauban?...

∾

Si l'on abandonne un instant la route de la Cerdagne, vers la gauche, de Villefranche on monte par Corneilla-de-Conflent au vieux village de Vernet, dont le donjon, à moitié démoli, toise à ses pieds avec quelque dédain le luxe banal de la ville d'eaux, que fréquentaient avant la guerre les Anglais et le plus célèbre d'entre eux, Rudyard Kipling. Les cartes postales et les guides appellent pompeusement Vernet-les-Bains le Paradis des Pyrénées-Orientales... Paradis de Mahomet, si l'on veut, puisque sa réputation est due en grande partie au séjour qu'y fit, en 1846, le vice-roi d'Égypte, Ibrahim-Pacha, — mais si l'on a le désir d'être admis dans un Paradis plus orthodoxe, c'est à Saint-Martin-du-Canigou qu'il faut monter...

On suit le ruisseau de Cady, qui draîne vers la Têt l'eau qui coule aux flancs du Canigou, et puis, quand on a traversé le village de Castell, on se prête aux lacets d'un capricieux chemin de montagnes, et tout à coup, par une brèche taillée dans le roc, on s'introduit dans le domaine aérien des moines du Canigou... On est ici à mi-chemin du ciel...

Il y a seulement une quinzaine d'années, le

voyageur ne trouvait là que des ruines.... Abandonnée par les moines depuis 1786 l'abbaye avait été livrée aux puissances du temps et de la nature ; dans les cellules monastiques des arbrisseaux fleurissaient, le cloître enserrait une sorte de bois sacré, et sous les coups de l'ouragan de larges pans de murs avaient croulé parmi les folles herbes.... Grande décadence d'une abbaye autrefois célèbre dans toute la Catalogne espagnole et française, fondée, disait la légende, par le comte Guifre, pour expier le meurtre de son neveu Gentil, qui avait fui devant les Maures et qu'il avait tué dans sa colère sur les marches de l'église de Saint-Martin-dels-Castels, légende reprise par le poète Verdaguer, qui en a fait la trame de son grand poème. Mais l'histoire dit plus simplement que Guifre ou Guifred, comte de Conflent et de Cerdagne, dans un esprit de piété, avait fait une donation aux moines de l'abbaye de Saint-Michel-de-Cuxa, dont on voit les ruines aux environs de Prades et fixé cette colonie de la fameuse abbaye sur les flancs du Canigou...Que l'histoire ait raison ou bien la légende, il n'importe ; durant des siècles le monastère, dominant d'une vue d'aigle la plaine du Roussillon, qui s'étale immensément à ses pieds jusqu'à la mer, fit chanter ses cloches aux pentes de la grande montagne et dressa sous l'azur catalan les lignes sobres de son architecture romane. Parmi ces bois solennels, dont le vent fait de sublimes orgues, en cette atmosphère froide et pure, les solitaires du Canigou, dans les profondes nuits d'étoiles, ont entendu longtemps les cieux raconter la gloire de Dieu ; savants Bénédictins, en cette solitude où nulle distraction profane ne les détournait de leurs travaux et de leurs méditations, ils pouvaient, parmi les splendeurs de la plus riche nature, conduire leur âme aux sommets les plus élevés de la vie contemplative. Au-dessus des orages humains, ils habitaient eux aussi « ces temples sereins de la sagesse » où Lucrèce a placé la philosophie antique.

Ainsi pendant des siècles ils se sont blottis au creux de la sainte montagne, comme des oiseaux de mer qui nichent dans les falaises...

*Mais un jour s'éleva le grand vent des ré-
formes... Le Pape et le Roy, Clément XIV et
Louis XV, imposaient à tous les monastères
de l'ordre de Saint-Benoît la règle de la vie
commune. Les solitaires, plutôt que de renoncer
à l'état monastique, préférèrent descendre de
leur montagne et clore sur leur beau rêve
brisé les portes de leur monastère... Malgré la
désolation des gens de Prades et de Villefranche, l'abbaye, sécularisée, fut abandonnée
par ses moines :* « *C'était, dit un témoin, une
véritable consternation d'entendre pleurer et
gémir toutes les personnes présentes à Saint-
Martin quand on ferma les portes. La désolation augmenta d'autant plus que les religieux
eux-mêmes pleuraient et se lamentaient de
devoir quitter pour toujours le désert* ». [1]

*Ainsi depuis plus d'un siècle les vents, les
orages, l'obstination des racines, l'élan des
sèves avaient fait leur œuvre parmi les pierres*

______

[1] *V.* FRANÇOIS FONT, Histoire de l'Abbaye royale
de Saint-Martin du Canigou, *Perpignan*, 1903.

J. d'ELNE, « *Saint-Martin du Canigou* », Bulletin du
club alpin, 1909.

abandonnées par les moines désolés, quand un homme se rencontra qui vit cette dévastation et résolut de relever ces ruines : ce fut le pasteur qui veille encore sur les ouailles du Roussillon, Mgr. de Carsalade, évêque de Perpignan, grand esprit, cœur généreux, âme d'artiste éprise de la beauté d'un pays où ses bienfaits lui ont conféré le droit de cité, restaurateur intrépide, mais habile, des vieux monuments, dont Huysmans n'aurait eu rien à redouter... Le 11 novembre 1902 une longue procession montait de Vernet à l'abbaye de Saint-Martin, le long du chemin forestier où l'automne épandait ses plus belles couleurs ; prêtres français et espagnols, poètes catalans des deux versants des Pyrénées, fraternisaient sur les sentiers de la montagne sacrée... L'évêque de Perpignan reprenait possession de l'abbaye royale de Saint-Martin du Canigou. Dans les ruines de l'abbaye où cette année-là le consistoire des Jeux floraux de Barcelone tint sa session annuelle, Mgr. de Carsalade s'écriait, en terminant son allocution : « Maintenant avant de vous quitter, je lèverai mes *mains consacrées, ici, dans ce berceau de la race catalane, pour demander au Dieu Tout-Puissant qu'il fortifie entre Barcelone et Perpignan les liens de fraternité qui les unissent. Que Catalogne soit toujours riche et prospère ! Et, en vous bénissant, vous, Catalans de l'autre versant et vous, mes fils bien-aimés du Roussillon, je demande pour Perpignan et pour Barcelone la paix, l'abondance et la liberté !* »

Nobles et fortes paroles, que les échos du Canigou doivent répéter aujourd'hui avec un son plus plein et plus profond !... Elles répondaient aux vers magnifiques, où Mistral dès 1861 célébrait la fraternité de la Provence et de la Catalogne !... Elles annonçaient le banquet de Perpignan, où, dans le mois de février 1916, l'élite intellectuelle de la Catalogne espagnole est venue affirmer son dévouement à la France !... Il ne s'agit plus de se disputer entre Latins comme nous l'avons fait trop longtemps depuis des siècles... Devant l'ennemi commun toute querelle de famille doit cesser : l'union sacrée ne doit pas s'exercer seulement entre tous les Français, mais plus que jamais entre tous les Latins... Ce Canigou est dressé entre la France et l'Espagne non point comme un obstacle, mais comme l'autel d'un sacrifice fraternel...

A partir de Villefranche un chemin de fer électrique s'insinue dans la montagne... Elle s'ouvre en une mince gorge tortueuse qui donne passage aux eaux de la Têt et le long de ses détours la route et le chemin de fer montent, s'accrochant aux pentes raides, s'arc-boutant sur des ponts, s'enfonçant dans des tunnels et de la sorte grimpant en lacets, sans avoir l'air de trop faire effort, d'un mouvement continu, qui de 600 mètres d'altitude porte le voyageur jusqu'à 1.600. Le long de la gorge les villages sont fixés à même le roc, recueillant frileusement un soleil rapide, Serdinya, Olette, Thuès, Canaveilles ; l'eau sourd et court de tous côtés, elle dégringole le long de toutes les pentes par toutes les fissures *de la pierre ; quand on s'arrête, on entend son long murmure, cette musique de la montagne, si fraîche que la seule sensation de l'ouïe, l'été, apaise déjà la soif...*

C'est l'automne : les premières pluies ont déjà grossi le petit fleuve, qui se hâte; les feuillages jaunis mettent de l'or sur les pentes; on monte au travers d'un vrai trésor de feuilles mortes, et de petite gare en petite gare, sans se presser, pas plus que les villageois qui montent ou descendent du train, on arrive à la gare de Mont-Louis-la-Cabanasse...

La Cabanasse, c'est le village autochtone, au nom méridional, Mont-Louis, c'est la citadelle de Louis XIV, au nom français et royal... La Cabanasse, c'est, dominé par un pauvre clocher, un groupe de maison basses aux toits en pente, tassées au pied du « Cambre d'Ase », qui se dresse et se courbe comme un énorme « dos d'âne », en effet, ainsi que son nom l'indique, portant comme une housse magnifique une couche de neige presque éternelle, — et Mont-Louis, c'est là-haut, à mesure que l'on monte, ces murs, ces bastions,

ces fossés, ces contre-escarpes, ces échau-
guettes, cette porte qui se dessine avec une
fière allure autocratique et militaire, cet air
du grand siècle, irrimitable, qui fait qu'en ce
pays perdu des Pyrénées on a tout à coup des
rappels de Versailles...

C'est dans ce sentiment qu'on la franchit
cette porte de France, avec son fronton dorique
qui donne une élégance grave de temple à cette
construction militaire, avec sa voûte énorme
creusée dans une muraille qui doit mesurer
8 à 10 mètres d'épaisseur, — et puis on monte
une rue aux pavés larges jusqu'à la place où
se trouve l'hôtel, le bureau de tabac, le mar-
chand de cartes postales et l'église, une église
du Nord, aux toits inclinés, de façon à laisser
glisser à terre les neiges qui durent ici de novembre jusqu'en mai... mais une église espagnole aussi, avec son rétable en bois doré, et
son Christ, très réaliste, montrant toutes ses
côtes, homme supplicié plus encore que Dieu...

Mais dans cette citadelle, il est une autre
citadelle, la caserne, que gardent encore de
nouveaux bastions, de nouveaux fossés, de

*nouvelles redoutes, de nouveaux pont-levis,
et par la porte Nationale, qui fut sans doute
jadis la porte Royale, nous voici dans la
grande cour...*

*On ne bâtit plus ainsi, malheureusement :
une caserne d'aujourd'hui, c'est ou bien un
vieux bâtiment misérable, ancien couvent ac-
commodé tant bien que mal à sa destination,
ou bien un bâtiment neuf, c'est-à-dire du ci-
ment armé et du plâtre et quelles que soient
ses dimensions, elles sont grandes, si l'on veut,
mais sans avoir grand air... Ici l'on respire le
même sentiment de noblesse et de majesté que
sur la terrasse d'où l'on domine le bassin de
Latone, le Tapis Vert et le Grand Canal...*

*Immense, cette caserne est cependant bien
proportionnée... Autour de la grande cour,
les bâtiments se développent, commodes et so-
lides, avec des murs qui défient l'ennemi et les
rigueurs du climat... Chacun d'eux semble
dans son épaisseur animé du même esprit de
volonté et de domination qui a dressé, à
1.600 mètres d'altitude, dans cette solitude
pyrénéenne, sur la route d'Espagne, ce bastion*

royal... Ici, le style de Vauban triomphe, ce grand style sûr et harmonieux, qui s'apparente à celui de Corneille et de Racine à la fois, et qui fait de lui le Bossuet de l'architecture militaire...

Des glacis de la citadelle la vue est magnifique, elle est occupée tout entière par le Cambre d'Ase, neigeux, majestueux et mystérieux ; la nuit, au clair de lune, où se détache admirablement sa silhouette sombre auréolée de blanc, le dialogue semble s'établir entre la montagne et la citadelle... Si fort que celle-là écrase celle-ci, le Bastion du Roy peut dire à l'amas de roches : « Tu n'étais pas assez fort pour garder le royaume que venait d'acquérir mon maître... On m'a placée là comme une sentinelle intelligente... Tes pierres n'auraient point rugi comme mes canons, si l'ennemi s'était avancé... »

Et la montagne peut répondre à la citadelle : « Je ne connais point d'ennemis que ceux qui déboisent mes flancs... Français ou Espagnols, comme vous les nommez, tous les hommes sont égaux pour moi... »

Ces dialogues de la montagne et de la cita-delle, capitaine pensif, qui méditait sur les glacis de Vauban, Joffre les a-t-il entendus? Car Joffre, ici comme à Villefranche, fut chef du génie... La petite place pyrénéenne est pleine encore de son souvenir. Au moment où nous arrivons à Mont-Louis, une vieille femme, à moitié folle, que poursuivent des gamins, agite les bras avec désespoir et ne sachant dans sa détresse à qui recourir, les yeux perdus peut-être dans un rêve d'autrefois, s'écrie tout à coup : « Je le dirai à M. Joffre ».

M. Joffre, on se souvient de l'avoir vu aux cafés de Mont-Louis faisant tous les soirs sa partie et jouant les consommations...

A ce moment-là, le chemin de fer électrique qui, de Villefranche, nous a menés jusqu'ici n'existait point ; pour arriver à ces hauteurs, il fallait, de là-bas, une grande journée de voiture et deux sans doute depuis Perpignan... Dans cette place forte, qui semblait devoir ne jamais supporter d'attaque, perdue loin du seul front où la France regardât, dans ce vieux bastion royal, caché à 1.600 mètres au cœur des Pyrénées, ce capitaine du génie, qui faisait sa partie au café, qui donc pouvait penser qu'un jour il tiendrait tête à la plus grande puissance militaire qu'on ait jamais redoutée sur la terre ? Joffre à Mont-Louis jouant des consommations, et puis, trente ans plus tard, gagnant la bataille de la Marne, dont l'enjeu était tout autre, quel grand exemple de la destinée !...

Cependant, en cette âpre solitude, cette âme austère ne se formait-elle point en quelque façon ? Tout ici parle de grandeur, de noblesse, d'autorité sûre et sobre... Tout ici d'ailleurs parle de guerre, raconte les vieilles luttes... Au-devant de l'église se dresse une pyramide de pierre en l'honneur de Dagobert, qui, général des armées de la République, animé par Cassanyes, représentant du peuple, dont on voit le buste à Canet, près de Perpignan, en 1793 sauva Mont-Louis de l'invasion espagnole, battit les Espagnols au col de la Perche, envahit à son tour la Cerdagne espagnole et l'année suivante mourut glorieusement de l'autre côté de la frontière, à Puigcerda.

~

Suivons les traces de Dagobert... De Mont-Louis, il est en somme facile de se laisser glisser vers la Cerdagne..

Deux routes s'offrent, l'une qui passe par Angoustrine, riant village aux eaux fraîches, et puis par Targassonne et le chaos de Targassonne, c'est-à-dire un pêle-mêle de palets gigantesques, de pierres bizarres aux formes fantastiques, qui rappellent, par leur aspect de cauchemar préhistorique, les « calanche » de Piana, le long du golfe de Porto, sur le rivage occidental de la Corse..., l'autre qui passe par le col de la Perche et le col Rrigat. Du col Rrigat, toute la Cerdagne se développe au pied du voyageur, et sous le soleil d'une jolie matinée, c'est un spectacle charmant et grandiose.... Le col de l'Oubli, disent les gens du pays en parlant du Col Rrigat... Comme ils ont raison ! Dans cette Cerdagne enveloppante on oublierait aisément le reste du monde !

Peut-être à des époques lointaines y eut-il là quelque vaste lac.... Le cirque des montagnes est parfait.... Sur la gauche, c'est le Puigmal et la **Sierra di Cadi**, tout saupoudrés de neige dès octobre, sur la droite les contreforts du Carlitte.... A travers des pâturages, où s'ébattent des génisses et des poulains, la route descend vers Saillagouse, bordée de beaux peupliers aux tons invraisemblablement dorés.. De Saillegouse elle file presque droite vers la frontière jusqu'à Bourg-Madame...

Quelle frontière ! Je ne sais s'il en est une autre plus que celle-là artificielle... Dans ce canton, paraît-il, un certain nombre de jeunes gens, depuis la mobilisation, ont gagné Puigcerda, et, de là, Barcelone... Conséquence lointaine du mauvais travail qu'ont fait par ici Don Luis de Haro et Mazarin !

S'il est un pays au monde qui représente une unité, c'est bien ce grand bassin de terres cultivées au milieu de ces arides montagnes, ce cirque parfait que le regard embrasse, quand on est au col Rrigat ou plus haut, à Font-Romeu. C'est ici un royaume pastoral suspendu entre le ciel et la terre, un jardin dans la montagne, une sorte de Paradis séparé de *ce monde en fureur où s'agitent et se tuent les autres hommes ; ici, tout chante le travail libre et sain, la vie étalée au grand air, calme et douce, le labour, le pâturage, les sommeils virgiliens sous les grands arbres, la paix de l'Éden... Or un jour, parmi les hommes de ces villages semblables, les uns durent partir pour la guerre, voyant leurs voisins rester en paix, parce que dans l'île de la Conférence, en 1659, sur la Bidassoa, Mazarin avait arraché à Don Luis de Haro la moitié de cette Cerdagne, qui sans doute pendant fort longtemps, par ses coutumes, ses parentés, sa langue, pencha vers l'Espagne plutôt que vers la France.*

Artificiel, ce traité, de plus, était obscur ; quand les commissaires chargés de la délimitation définitive des territoires cédés par l'Espagne se réunirent à Céret, en avril 1660, ils ne purent point s'accorder et renvoyèrent le débat en ce qui concernait la Cerdagne. Ce fut en novembre de la même année, à Llivia, que fut rédigée l'explication de l'article 42 du traité des Pyrénées : tous les villages cerdans devaient appartenir à la France ; mais Llivia avait titre et rang de ville, elle resta donc à l'Espagne, en dépit de la topographie, et de là vient cette enclave de douze kilomètres carrés, en territoire français, reliée à l'Espagne par un chemin neutre, et qui fut pour les déserteurs un asile trop tentant... Llivia, ce nom romain rappelle l'impératrice Julia Livia, en l'honneur de laquelle les Romains avaient baptisé cette lointaine colonie, capitale sans doute de cette Cerdagne, qui formait encore au Moyen âge un seul comté. Aujourd'hui Puigcerda regarde avec étonnement Bourg-Madame, avec son nom du grand siècle. Sur le pont qui les sépare, il est moins facile qu'ailleurs d'avoir le sentiment très net de la patrie...

Nous n'irons pas à Puigcerda, puisque c'est la guerre ; nous nous contenterons de manger à Bourg-Madame, bien que la chasse soit fermée (mais l'Espagne est si près !) du lièvre et des perdreaux, avec, comme dessert, des poires d'Osséja, dont la renommée s'étend, paraît-il, jusqu'en Angleterre, et par-dessus le tout, quelques copieuses libations... C'est *ici le confluent des crus, les vins d'Espagne se mélangent sans effort à ceux du Roussillon, le Banyuls et le Malaga fraternisent, et l'accueil est cordial du verre tendu, avec le mot sacramentel : « A l'amitié ! »*

A l'amitié, oui, après avoir savouré ensemble « l'ouillade », votre soupe au pain de seigle, nous boirons avec vous, tout de même, à l'amitié, braves gens des Pyrénées, qui avez conservé dans vos villages la charrue de Virgile, le brouet de pommes de terre et la science de la vie saine au grand air... Libres dans vos montagnes, vous, les plus vieux, vous savez à peine ce qu'on fait là-bas sur ces champs de bataille où périt la fleur de l'Europe... Nous sommes presque tentés de vous en vouloir, dans notre angoisse patriotique que nous voudrions voir partager à la terre entière, et d'autres fois nous vous envions d'être si loin de cette grande horreur... Gens de ces jolis villages aux noms rudes, Err et Ur, qui auraient fait rêver V. Hugo, vous qui regardez en face de vos fenêtres la neige couronner la Sierra di Cadi, — bonne servante d'auberge à Latour-

de-Carol, qui ne savez pas du tout que Charlemagne, — *Carol*, — a passé, dit-on, par ici et qui répondiez à nos demandes : « Êtes-vous Française ? — Non. — Espagnole ? — « Non. Je suis du Val d'Andorre ! », — Vierge en mantille noire de l'église d'Enveigt, cérémonieuse comme une grande dame espagnole, montagnards de Valcebollère, âprement accrochés aux flancs de la montagne, qui forme pour vos maisons de troglodytes le mur du fond, laboureurs et bergers de Saillagouse, de Rô, de Sainte-Léocadie, de Palau, — gens de la Cerdagne, tout de même, — si vous ne vous représentez pas toujours très bien ce que c'est pour nous que Paris ou Verdun, peut-on vous en vouloir beaucoup ? Tout de même, gens de Cerdagne, à l'amitié !...

V

Au seuil de la vallée du Tech, Elne a joué jadis le rôle que Perpignan maintenant tient aux bords de la Têt...

C'est un îlot dressé au milieu de l'immense vignoble qui va des Albères aux Corbières... De ses terrasses on voit le grand verger de raisins et de fruits qui déferle des pieds de la montagne jusqu'à la mer, et la mer, là-bas, c'est une bande très mince et très bleue frissonnant sous le vent déjà frais qui descend du Canigou en cet octobre...

Elne, jadis Illiberis, *mais appelée par les Romains* Elena, *à cause d'Hélène, mère de Constantin, impératrice qui unit les souvenirs grecs à l'espérance chrétienne... La ville d'Hélène, — mais ces remparts, qui croulent de tous côtés sous la main du temps et des hommes, ce ne sont point ceux de Troie... La porte ogivale qui nous accueille en haut d'une rampe bordée de cactus épineux, ce n'est point la porte Scée ; et les vieillards, qui se chauffent au soleil d'automne, ne se proclament point heureux dans leur malheur parce qu'ils ont vu la Beauté, mais de ce nom d'Elne, tout de même, quelque chose d'antique s'élève qui flatte l'imagination nourrie de littérature classique...*

Les remparts dépassés, dès qu'on arrive en

vue de l'église, la vision du Moyen âge chasse celle de l'antiquité ; la nef est du meilleur roman, mais surtout au flanc gauche de l'église, il est un cloître délicieux ; sans égaler celui de Saint-Trophime d'Arles, ni celui des Augustins à Toulouse, il plaît tout d'abord par la couleur méridionale de ses marbres et par son petit jardin négligé qui porte er son cœur un agave... Les fines colonnettes, les chapiteaux travaillés disent le long recueillement des ouvriers monastiques, qui, patients et naïfs, ont travaillé la pierre à la louange de Dieu...

Seulement, ici encore, les Barbares ont passé (je ne veux point parler des Allemands) et les galeries du cloître ont été cruellement emplâtrées d'un blanc badigeon sur lequel, d'ure main géométrique et sûre d'elle-même, un maçon satisfait a dessiné des pierres artificielles, et puis où tous les visiteurs ont inscrit des noms et des dates...

Malgré tout, au milieu de ce plâtre souillé par la bêtise des touristes, des inscriptions latines, enchâssées aux murs, éclatent comme *des voix indignées... Elles disent le mérite des morts qui dorment là, poussière dans la poussière, et le vent commente de son long murmure leur tristesse monotone...*

Par-dessus les deuils particuliers la plus éloquente pleure la ruine d'Elne :

ELNA, VIRENS QUONDAM, NUNC MARCIDA FLORE CADUCO
DEBILIS, AMISSO LUMINE, CÆCA JACET...

« Elne, verdoyante jadis, maintenant souillée voit tomber ses fleurs, — Débile, sa lumière perdue, aveugle, elle gît... »

FANA, DECOR, PROBITAS, QUÆ SÆCULA NOSTRA TULERUNT
MORTE, RAIMUNDE, TUA PRECIPITATÆ RUUNT...

« Gloire, honneur, probité, que nos siècles ont portées. — Par ta mort, ô Raymond, sont jetées au précipice !... »

Était-ce un prince d'Aragon, ce Raymond, le roi de Majorque, ou, comme le veut le guide, un simple archidiacre d'Elne, c'est là ce qu'on sait mal, mais cela n'importe pas... A lire, un jour d'automne, ces vers mélancoliques en cette ville ruinée, qui n'a plus de Rome qu'un nom d'impératrice, qui fut jadis le siège épiscopal du Roussillon et qui n'a conservé de sa splendeur ecclésiastique qu'une église et qu'un cloître, — on éprouve une fois de plus, au souffle du vent qui traîne la poussière sur les dalles usées, l'âcre néant de la gloire humaine...

Mais un chapiteau nous présente, sous la forme rythmée et rimée des Psaumes de l'Église, une maxime plus consolante : Est salutare, *dit-il,* pares inter fratres habitare.

Il est salutaire d'habiter entre frères égaux... ou plutôt, parmi des frères qui sont des pairs — ce n'est pas la grosse fraternité des foules qui est célébrée là, mais le charme de la société entre des âmes qui sont sur le même plan, société d'élite, en un cloître clos, loin d'un monde vulgaire, société où nul ne fait effort pour s'abaisser, puisqu'on est au même niveau d'âme, parfaite harmonie qui naît sans étude...

Et justement, voici qu'une harmonie s'élève, dans l'église, s'approche, franchit la porte du cloître... C'est dimanche et c'est la fin des vêpres... Des jeunes filles s'avancent, balan-

çant lentement comme des encensoirs les vers d'un cantique, qui n'a rien sans doute de très poétique et qu'il vaut mieux ne pas comprendre, pour savourer simplement le charme des voix fraîches et sages... Procession bien banale sans doute, avec ses congréganistes aux rubans bleus, ses jeunes et ses vieilles filles, ses vieillards inévitables, mais relevée à la fin par un groupe de soldats blessés et deux ou trois Sénégalais, qui roulent doucement leurs bonnes têtes rondes, pauvres diables jetés ici par cet immense remous des peuples, étonnés de se trouver là, et qui demain peut-être vont mourir dans une tranchée, sans avoir jamais compris pourquoi ils y sont...

La procession fait le tour du cloître en chantant, rentre dans l'église, et tandis que l'office s'achève, je monte au clocher. De là-haut, le regard embrasse toute la Catalogne française et l'on en comprend à merveille la simple et solide structure, en voyant la belle plaine du Roussillon s'étaler des Corbières aux Albères et de la Méditerranée au Canigou, qui, de sa masse imposante, domine tout le *pays... avec cette tête éternellement blanche, qui lui a valu son nom, disent les étymologistes, puisque* Canus *en latin signifie :* blanc.

Mais il faut redescendre, laisser le clocher, puis l'église, puis la terrasse d'Elne, et se laisser glisser vers la ville neuve, dont les maisons depuis le Moyen âge, rassurées par la paix, se sont étalées dans la plaine au pied des remparts, sous les beaux platanes... Deux jeunes filles, comme si elles le faisaient exprès pour montrer qu'on est aux portes de l'Espagne, mordent en riant dans une grenade...

« Elne rêve à son antique splendeur, » dit le sculpteur Sudre au bas du monument qu'il lui a consacré, dont l'original est à Carcassonne et la réplique au musée de Perpignan... Il le dit. Mais il n'en est pas bien sûr, car cette belle fille dans un fauteuil antique, elle a beau avoir sur la tête une couronne, — elle n'a pas l'air de s'en soucier, mais de faire voir simplement qu'elle est belle, et pour mieux le faire voir elle s'est dépouillée à moitié de ses vêtements... C'est encore la ville d'Hélène, non pas de l'impératrice chrétienne, mais de

*l'autre Hélène, celle de Sparte, ou plutôt de
Troie...*

～

*D'Elne, le chemin de fer remonte la vallée
du Tech jusqu'à la gare d'Arles-sur-Tech, et
plus loin, devenu électrique, jusqu'auprès de
la frontière d'Espagne, à Prats-de-Mollo...
Ce pays est vraiment d'une structure géogra-
phique très simple : trois fleuves parallèles qui
vont de la montagne à la mer, suivis par trois
routes et trois chemins de fer ; ce trident
s'amorce au rivage de la mer, qui en forme la
branche transversale...*

*En suivant la vallée du Tech, assez vite
on arrive au Boulou, où passait la voie romaine ; — le Boulou, c'était autrefois la station Ad Stabulum ; mais de la voie romaine
qui avait là une base de ravitaillement, il ne
subsiste plus rien : dans tout ce Midi romain,
il est peu de régions où Rome ait laissé moins
de traces ; c'est que c'est ici la route des invasions, et ce Roussillon, à vrai dire, fut longtemps un champ de bataille...*

Cette même route du Perthus, chemin com-
mode d'Espagne en Gaule, vit sans aucun
doute passer Annibal, ses mercenaires et ses
éléphants... Il vint camper devant Illiberis,
qui devait devenir Elne, puis devant Ruscino
et demanda le libre passage aux habitants...
Ce n'étaient point les Belges de 1914 ; ils
ignoraient Rome comme Carthage, et les des-
tins formidables qui devaient s'agiter au
cours de cette terrible guerre qu'Annibal por-
tait en Italie ; ils laissèrent passer les Cartha-
ginois...

Loin d'eux, la lutte immense se déroula ;
plus tard, ils virent passer Pompée à la pour-
suite de Sertorius, et laisser au Perthus des
trophées emphatiques ; plus tard encore ils
virent César, après Pharsale, poursuivre
Pompée et, plus sobre que son rival, en un
style architectural digne de ses Commen-
taires, dresser, en face des trophées de Pompée,
un simple autel à la Fortune...

Rome croula ; les Visigoths occupèrent le
Roussillon, puis les Maures, qui vinrent as-
siéger Narbonne pendant dix ans et la prirent

par trahison, puis Charlemagne, dit la légende, poursuivant les Maures, qui laissa dans
ces Pyrénées son souvenir sous le nom de
Carol, d'où Latour-de-Carol, en Cerdagne...

Et puis ce fut la guerre entre les féodaux,
de château à château... Pis encore : de 1173
à 1659 le pays fut âprement disputé entre les
rois d'Aragon et les rois de France ; cette
route du Perthus, qui vit passer Annibal, vit
aussi, en 1285, Philippe le Hardi partir en
guerre contre Pèdre d'Aragon, avec quatre-
vingt mille hommes, et revenir, couché dans
une litière, mourant et ruiné, toute son armée
détruite par la guerre et l'épidemie...

Deux siècles après, Louis XI devait le
venger, en conquérant le Roussillon, où le
Castillet de Perpignan, porte encore, avec ses
murailles, ses voûtes, ses portes et ses grilles,
les traces de son sinistre génie... Conquête
éphémère, abandonnée pour Naples par
Charles VIII, et puis pendant cent cinquante
ans, de nouveau, c'est un champ de bataille
que ce Roussillon où se mesurent les généraux
de Louis XII et de Ferdinand II, de Fran-

çois Ier et de Charles-Quint, le duc d'Albe,
la ligue et les protestants, les lieutenants
d'Henri IV et ceux de Philippe III, les Français ayant Leucate comme point d'appui, les
Espagnols leur opposant en face le château de
Salces...

Louis XIII fait mettre le siège devant Perpignan, qui résiste neuf mois et se rend en
1624 ; enfin, le traité des Pyrénées pacifie
pour un temps ce Roussillon en le donnant à
la France ; mais la lutte recommence aux
Pyrénées pendant la guerre de Dévolution
jusqu'au traité de Ryswick... Seul le Pacte de
famille assure la paix avec l'Espagne, jusqu'à
la Révolution...

Avec de tels antécédents, sur ce champ clos
toujours ouvert aux exploits des deux adver-
saires, la race s'est révélée batailleuse et rude,
pour ne pas dire violente... « Gens aguerris,
dit Vauban, des habitants du Roussillon, qui,
du moment qu'ils ont porté l'obédience à l'un
des partis, ne font pas difficultés de tirer sur
l'autre, aimant naturellement l'escoupeterie
et comme se faisant un grand plaisir de chasser

aux hommes... » Aussi la race a-t-elle donné bien des soldats, dont le plus illustre a commandé devant son plus formidable ennemi les armées de la République française...

De cette République en armes contre la tyrannie, ruée à ses frontières, on peut évoquer le souvenir dans ce Boulou qui vit, le 1er mai 1794, Dugommier, de Toulon, qu'il venait de prendre, grâce à Bonaparte, arriver à la rescousse des armées de la Convention sur la frontière des Pyrénées, battre les Espagnols en une bataille qui délivra provisoirement le pays de leurs bandes, les chassa de Banyuls où, par ordre de la Convention, un obélisque de granit rappelle leur fuite et la vaillance des Catalans français, ainsi que de Port-Vendres que l'on nomma « Port de la Victoire ». Poursuivant son succès, Dugommier délivra Bellegarde, pénétra dans la Catalogne espagnole, prit Figuèras et Rosas... Dans cette marche à la gloire il rencontra la mort ; un obus faucha sa destinée ; on le rapporta avec tous les honneurs militaires à Bellegarde, et plus tard à Perpignan, où il repose aujourd'hui ; telle fut la fin de celui qui découvrit le capitaine Bonaparte...

Loin de ces souvenirs de gloire, le Boulou maintenant débite une eau minérale, qui n'est pas désagréable... Du pont suspendu qu'on a lancé sur le Tech, le Canigou occupe tout le fond du paysage, noble et charmant, vrai souverain de la contrée, dont le chant national le célèbre :

Montanyas regaladas
Son las del Canigô...

« *Des montagnes charmantes — Ce sont celles du Canigou...* »

Oui, là-haut dans ce royaume blanc, dont la teinte neigeuse s'oppose à la couleur mauve des Albères, règnent les fées qu'a chantées Verdaguer, et le Tech, dans ses eaux fraîches, nous apporte le charme de leur sourire, au pied des beaux mimosas, qui, dès la fin de janvier, pour éveiller la nature assoupie, font entendre ici leur diane d'or, les beaux mimosas dont les filles de Perpignan portent, tant qu'il fleurit, un brin sur la poitrine, et dont les *boules ressemblent à des gouttes d'or, qui coulent de leur cœur à travers leur corsage.*

Du Boulou divergent deux routes, qui vont toutes les deux vers l'Espagne, l'une longeant la frontière jusqu'à Prats-de-Mollo, l'autre fonçant droit sur le col du Perthus, portus ad summum Pyraeneum, *au milieu des chênes-liège écorchés et des rudes rochers, à la teinte ocre et violette... On arrive de la sorte à un drôle de village franco-espagnol, français sur la droite de la route, espagnol sur la gauche, au bout duquel se trouvent les bornes qui marquent décidément la frontière ; d'un côté, mélancoliques, se promènent les douaniers français ,de l'autre, les douaniers espagnols, joyeux, jouent aux sous, avec les jeunes gens du pays... Protégée par quelques mètres de terre, la jeunesse espagnole, sans souci, jouit de la lumière, tandis que celle de France risque la mort chaque jour ; à ces jeunes Espagnols du Perthus, qu'un Kant nébuleux ne vienne point proclamer que l'espace est une catégorie de la pensée ; d'un tout petit espace, à l'heure actuelle, dépend leur vie ou leur mort.*

Mais si le Perthus ne parle que de paix, le fort de Bellegarde évoque nettement la frontière et les luttes passées ; sentinelle vigilante, il fait honneur à son nom ; c'est un bel ouvrage de Vauban, comme la citadelle de Mont-Louis, celle de Perpignan, celle de Villefranche, les forts de Collioure, celui de Prats-de-Mollo ; la solidité de la bâtisse n'empêche point la noblesse et l'élégance de l'ensemble ; ce c'est pas ici le domaine du colossal, c'est celui du grand... Quel fier et beau dessin ! Quelles voûtes, quelles portes aux beaux frontons, quel ensemble harmonieux et robuste !

Des glacis du fort on voit se dérouler la route qui nous mènerait vers Barcelone, si ce n'était point la guerre ; la plaine descend vers Figuèras dans la lumière, et de l'autre côté c'est la plaine du Roussillon, qui fut longtemps terre espagnole... Au Perthus on peut, dans un bureau de tabac espagnol, boire de l'anisette d'Espagne, moins douce que la française, mais ayant plus de saveur originale... Avec ce goût d'Espagne dans la bouche, il nous faut redescendre, ne pouvant aller plus loin, — *redescendre vers la route qui va du Boulou à Céret...*

Céret, sous-préfecture comme Prades, une de ces sous-préfectures qui font le désespoir des candidats au baccalauréat, et parfois de leurs sous-préfets, mais charmante tout de même avec ses beaux platanes, sa vieille porte du XVIIIe siècle, et son pont du Moyen âge, dont l'arche unique est si légère et si hardie...

Au delà de Céret, voici Amélie-les-Bains, que la reine Amélie ressuscita du néant, où elle était tombée après avoir connu la gloire aux temps romains d'avoir des thermes célèbres dont il reste quelques traces... C'est une ville d'eau charmante, — mais ce n'est qu'une ville d'eaux, et l'amateur du vieux Roussillon préférera sans nul doute Arles-sur-Tech, dont les belles filles à la coiffe blanche peuvent faire concurrence aux filles d'Arles-sur-Rhône au ruban de velours noir, et qui présente, en face de celui de Saint-Trophime, un cloître qui n'est pas tout à fait aussi remarquable, mais qui ne manque point d'encadrer joliment aussi le ciel bleu en son carré que délimitent des colonnettes élégantes...

A ses côtés, l'église assez vaste montre un Christ mort, sculpté sur bois à la manière espagnole avec un réalisme qui n'épargne aucun détail physiologique... les yeux vitreux, les membres raides, une pauvre bouche à moitié ouverte... Mais ce qui fait l'orgueil de l'église ce sont les belles châsses d'argent où sont contenus les ossements de saint Abdon et de saint Sennen, deux saints persans, dont les reliques furent au Moyen âge transportées de Rome jusqu'ici par un certain Arnolphe, abbé du lieu... Saints si populaires qu'il n'est point rare par ici de voir des gens en leur honneur s'appeler Abdon et Sennen... Pour prouver leur pouvoir miraculeux, les saints emplissent continuellement d'une eau, dont on ne peut expliquer l'origine, une sorte de sarcophage placé à la porte de l'église ; dans une brochure de propagande, le curé d'Arles offre mille francs à qui prouvera le contraire, et ce n'est pas, dit-il, une somme à dédaigner... Nul ne la dédaigne certes. Mais il s'agit de savoir *s'il ne vaudrait pas mieux s'abstenir de détruire, même si on le pouvait, une légende ou de s'élever contre un miracle aussi poétique... Cette eau sans cesse renouvelée dans la cuve de pierre, elle est le symbole même de la Foi? Je ne voudrais point, fût-ce pour mille francs, tarir dans l'inspiration populaire la source d'où coule cette eau...*

Je préfère aller voir fabriquer des espadrilles à Saint-Laurent-de-Cerdans, et puis admirer une fois encore Vauban à Prats-de-Mollo ; il avait fait de cette petite place frontière une citadelle aussi vigilante que Bellegarde ou Villefranche, et l'ingénieur du Roy fit si bien, somme toute, que la République se trouva facilement défendue contre les Espagnols de 1793 accourus au secours de l'arrière-petit-fils de Louis XIV. L'histoire a de ces ironies. Il est vrai que Vauban travaillait pour la France plus encore que pour le roi...

∾

On peut de là redescendre sur Céret et de Céret passer par les Aspres, ces contreforts

que le Canigou lance vers la plaine, pour re-
gagner Perpignan... Du village de Llauro,
toute la plaine s'étale encore à nos pieds, jusqu'aux Corbières, bleutées là-bas vers le nord,
et dans cet automne cet immense champ de
vignes est doré jusqu'à la mer... Que les savants
fassent dériver le nom de Roussillon de l'antique cité de Ruscino, qui fut jadis Perpignan, moi j'imagine que ce pays s'appelle
Roussillon, à cause de la couleur rousse partout épandue sur cette terre et dans cet air,
cette espèce de blonde auréole, qui flotte à
l'automne sur les champs de vignes où il y a
tout l'or de la lumière se mêlant à celui des
feuilles qui jaunissent...

Pour célébrer le triomphe de ces vignes et
de ce vin, laissons-nous aller jusqu'à Thuir...

Voici le pays du byrrh, cette liqueur parfumée, dont je n'apprendrai point les mérites
aux fervents de l'apéritif, si bien que je ne
puis être soupçonné d'une réclame intéressée en
faveur d'un breuvage si généralement connu...

L'histoire du byrrh tient du conte de fées ;
à Thuir, au pied du Canigou, un vieil homme,

qui s'appelait Violet, vivait comme tant d'autres villageois, quand un jour il donna, dit-on, l'hospitalité à un vagabond espagnol ; en partant, pour le remercier, le vagabond lui donna la recette de cette liqueur qu'il appela le byrrh. Les anciens imaginaient que les dieux, cachés sous de pauvres vêtements, venaient éprouver le cœur des mortels, punissant ou récompensant les gens selon l'accueil qu'ils en avaient reçu ; était-ce quelque dieu, ce mendiant espagnol que Violet recueillit un soir ? En tout cas, il a payé son hôte d'une fortune...

De cette fortune, il est facile de voir les progrès ; les Violet montrent avec orgueil le vieux chai, le chai primitif où le père Violet travaillait avec quatre ouvriers. En face s'étale le grand établissement créé vers 1885, modèle du genre...

Oh ! les beaux chais, les foudres splendides à faire rêver Gargantua et Pantagruel !... On se croirait soudain transporté dans le royaume de ces héros de la beuverie et que c'est leur cave qu'on est en train de visiter. Les foudres énormes, pansus, ventrus, étalent *leur obésité en chêne cerclé de fer, défiant le temps et la fermentation, conservant pieusement leur charge de vins fins, qui, là, dans l'ombre, lentement, pendant des années, se dépouillent, mûrissent, se bonifient. Comme de grands esprits qui ne se sont point révélés encore, ici les malagas, les grenaches, les rancios, les Banyuls recueillent pendant des années l'inspiration de leurs vertus naturelles et l'accroissent encore dans la solitude et la méditation... Quand l'âge leur a donné cette sagesse qu'il confère aux vins comme aux hommes, alors on les admet à l'honneur de fabriquer le byrrh... Mais nul ne sait comment, car le secret est bien gardé, là, derrière cette porte où l'on peut lire : « Défense d'entrer. » C'est là que se fait la mixture, suivant les principes du vieux mendiant espagnol...*

Au sortir de cette officine, le byrrh, enfin pourvu de toutes ses vertus, occupe à lui tout seul des chais immenses où se prélassent des foudres tout aussi ventrus que les précédents ; la réserve en est considérable. C'est là qu'on puise journellement, pour emplir les bouteilles ;

six femmes y suffisent ; par quatre robinets la liqueur jaillit, une femme renouvelle perpétuellement les bouteilles qu'ils emplissent, elle les passe à une autre qui les bouche aussitôt à la machine, une troisième y adapte la capsule de métal, une quatrième la serre, une cinquième enlève le tout et le porte à la colleuse d'étiquettes, et puis on enveloppe les bouteilles, on les met en caisse et les voilà qui vont déverser leur généreuse ivresse dans le Roussillon, la France, l'Europe, et quelque peu de l'Amérique, de l'Asie et de l'Afrique...

En dépit de la guerre c'est toujours la grande affaire de Thuir ; à côté d'elle pâlit la fabrication des petites poteries, qui aurait pu, en d'autres circonstances, faire de Thuir peut-être un Vallauris, si toute l'énergie des gens d'ici n'était pas d'abord tournée vers la vigne et toutes les ressources qu'on peut en tirer... A Port-Vendres s'élevait jadis un temple de Vénus ; c'est ici le temple même de Bacchus...

VI

Comme je rentre à Perpignan, je vois sur les murs s'étaler de grandes affiches, qui annoncent une soirée catalane au profit des blessés du Roussillon... Hélas ! ils sont nombreux, et les morts aussi... Cette province militaire a fourni de rudes soldats aux régiments de ligne et aux régiments coloniaux, qui tous ont été droit au plus périlleux honneur... Il semble qu'ils aient mis dans leur sacrifice un orgueil particulier, en pensant qu'ils combattaient sous les ordres d'un chef, qui pouvait leur leur parler de leurs villages dans la langue de ces villages...

Cette langue et ce chef seront célébrés dans cette soirée de charité... N'est-ce pas ici qu'on peut dire : « Notre Joffre » avec le plus de vérité et de fierté?... « El nostre Joffre, » en cette plaine de vignobles qui l'a vu naître, sous les platanes de Perpignan, qui l'ont vu passer, petit collégien en blouse noire, cette appellation revêt une tendresse, une ampleur particulière. Cet homme, qui par un ordre du jour immortel, plus beau que les plus belles paroles des grands capitaines, a sauvé sur la Marne la civilisation latine, et, par conséquent, le génie de l'humanité, celui qui pendant vingt-neuf mois a tenu chaque jour sous sa plume le sort de milliers d'hommes, — c'était donc, voilà plus de cinquante ans, cet adolescent taciturne, qui méditait déjà sous ces platanes des problèmes de mathématique, sans savoir à quel problème formidable sa mathématique un jour devrait s'appliquer... Dans les fossés creusés par Vauban, il jouait, il se battait avec ses rudes camarades catalans, comme Napoléon avec les enfants d'Ajaccio !.. « C'est nous, pourraient dire les remparts et les arbres de Perpignan... C'est nous qui lui avons donné nos fortes leçons de courage et d'endurance ; c'est nous, diraient les remparts de Vauban, qui lui avons montré comment il faut se tenir debout devant l'ennemi, et c'est nous, diraient les arbres, qui lui avons enseigné comment par une lente poussée silencieuse, du sol où plongent toutes les racines, on monte jusqu'à l'azur où baignent avec les feuillages séculaires toutes les grandes pensées... »

Et voici qu'au théâtre de Perpignan, ce soir, monte de la bouche des jeunes gens et des jeunes filles un chœur catalan qui célèbre l'enfant de jadis, devenu le grand général...

« Quand notre Joffre retournera, — Quand il retournera de cette guerre, — De rameaux de lauriers il n'y aura, — Il n'y aura pas assez dans notre terre... — Gens de montagnes ou de plaines, — Tous lui voudront toucher la main. — Nous lui présenterons, Catalanes, — Nos petits enfants à baiser... »

Le vieux général qui revient de la guerre, et qui s'arrête dans les rues de sa ville pour causer avec les femmes, pour embrasser les enfants ! M. Joffre, le chef du génie de Villefranche ou de Mont-Louis, qui revient, un peu vieilli, à peine, simple et tranquille, comme s'il descendait du Conflent !

Et les voix fraîches continuent :

« Nous lui ferons un chemin de fleurs, — Fleurs vermeilles du Roussillon. — Les mères sécheront leurs pleurs — *Aux triomphales Marseillaises.* »

Les mères, oui, dans le deuil ou l'angoisse, il en est qui sont là et des pères aussi, et des mutilés et des blessés, qui portent la croix de guerre, et toute la salle écoute, palpitante, monter le chant de gratitude pour celui qui a sauvé la patrie, pour celui qui l'a sauvée en économisant le plus possible le sang des hommes, pour celui qui répondit au soir de la Marne, quand on lui demandait s'il fallait illuminer Paris : « Non, il y a eu trop de morts ! »

Et toute la salle jure, avec les voix jeunes qui montent et chantent au-dessus des coiffes catalanes :

« Nous répèterons à nos fils, — Pour qu'ils gardent la souvenance, — Qu'à l'heure mauvaise des périls, — En Joffre a sauvé la France... »

> I repetiren an els fills
> Per que tenguen la recordança,
> Qu'en l'hora mala dels pérills
> En Joffre va salvar la França (¹).

(¹) *Poésie* de P. FRANCIS.

« En *Joffre,* » oui, *le vieux titre de noblesse des langues méridionales, cet* En *repris avec orgueil par les Félibres, comme il sonne juste aujourd'hui, comme il s'accorde bien à ce nom de Joffre où vibre tout le Moyen âge du Midi...*

L'œuvre que le Félibrige avait inaugurée dans la paix et la poésie, la guerre vient de l'achever terriblement dans le sang. Les petites patries, soutiens de la grande patrie, ont eu le baptême du feu ; la figure de Joffre répond à celle de Mistral.

En face des barbares l'Empire romain a dressés deux génies populaires, l'un fils d'Homère et de Virgile, le plus grand poète du peuple que la France ait jamais porté, chantant le rêve d'amour, de beauté, de douceur qu'ont toujours cultivé les peuples méditerranéens, — l'autre élevant sa lucide intelligence et sa sûre logique contre la brutale énergie des Teutons et, comme jadis Marius, la brisant avec calme. Le fils des paysans de Maillane, celui des vignerons de Rivesaltes seront enveloppés aux yeux de la postérité d'une lumière semblable... Ce sont deux aspects également vénérables du génie populaire et méditerranéen.

Le bonnet catalan s'apparente au bonnet phrygien ; oui, c'est bien le peuple qui triomphe avec Joffre... Contre l'Allemagne féodale, contre les hobereaux prussiens, contre la barbarie de l'épée et du fief, la France a délégué le fils d'un tonnelier, né dans un pauvre village, au bord de la mer latine, d'une race indépendante et fière...

VII

Les mois ont passé ; j'ai traversé cette Méditerranée, qui brille et chante à l'horizon de Rivesaltes ; maintenant sur la rive opposée, le soir tombe, doux et grave, sur un petit village africain. Au loin le Djurdjura étincelle sous la neige, tandis qu'on voit ici frémir au vent léger les eucalyptus et les palmiers. Tel le Canigou dressait sa haute taille blanche au-dessus des mimosas du Boulou...

Et, tandis que je cause doucement, dans le soir calme, avec un vieillard... « Joffre, me dit-il, tenez, je vais vous raconter.... C'était dans l'hiver de 1914, chez le commandant de gendarmerie, vous savez, pas loin d'ici... Un jour que nous causions, sans trop les comprendre, des grands événements qui se déroulaient si loin de nous, un colonel vint frapper chez lui, un vieux camarade, blessé et convalescent... J'étais là, j'ai entendu ce qu'il racontait, il avait été sur la Marne dans l'État-major de Joffre, il avait vécu près de lui ces sublimes journées, ces nuits tragiques...

« Eh ! bien, lui dîmes-nous d'une seule voix, comme les villageois dans la chanson de Béranger... Parlez-nous de lui ! »

« Alors, il raconta ceci :

« Pendant la retraite qui suivit Charleroi, le général Joffre ne parla que pour donner des ordres. Parfois des généraux venaient,

contenant mal leur colère : « Ah ! çà, dit un jour l'un d'eux, un des plus célèbres et des plus bouillants, où nous arrêterons-nous? »
— « Nous nous arrêterons sur la Marne, nous nous arrêterons sur la Seine, nous nous arrêterons sur la Loire, ou sur les Pyrénées, s'il le faut, mais nous prendrons l'offensive », dit Joffre, rompant brusquement l'entretien...

« Et puis il retomba dans son silence laborieux... Un jour il reçut le télégramme lui annonçant que Von Kluck, évitant Paris, glissait vers l'Est... Alors il se frotta les mains, et dit : « Nous le tenons ! », et puis, se reprenant, il parla d'autre chose...

« Allons dîner », dit-il, et à table, il évoquait le Sénégal, le Soudan, Madagascar, éludant toute allusion à la situation présente. Enfin, après avoir lancé l'ordre du jour immortel, toutes ses dispositions prises pour une lutte dont le sort désormais ne dépendait plus de lui, il me dit : « Je vais me coucher, colonel; s'il arrive quelque chose d'important, vous me l'apporterez ! ». Il était neuf heures et demie. A dix heures moins le quart arrive un télégramme que je jugeais en effet intéressant. Je le déchiffre... Il était dix heures, quand je frappais à la porte du général. Point de réponse... Je frappe plus fort ; point de réponse... J'ouvre la porte, Joffre dormait... »

Joffre dormait !... A la veille de la plus grande bataille de l'histoire, devant la ruée allemande qu'il allait maîtriser, après avoir donné tous les ordres utiles, dans la calme certitude du devoir accompli pour la plus juste cause, Joffre dormait !

Et tandis que j'écoute ce récit, je revois soudain Rivesaltes, le village pensif et modeste, qui s'endort aussi chaque soir avec la bonne conscience du saint labeur accompli ; je revois tout ce beau pays où la lumière est grave et joyeuse à la fois, accomplissant avec allégresse la grande tâche de nourrir la vigne et le raisin qui versent aux hommes le divin réconfort du vin ; je revois les crépuscules dorés de Perpignan sous les platanes d'automne où s'engouffrait le chant du vent marin, tandis que le petit Joffre y passait avec ses camarades, les soirs de Villefranche-de-Conflent, où l'ombre brusque, qui descend du Canigou, allongeait les soirées propices aux méditations solitaires qui forment les grandes âmes, je revois les grandes nuits froides et solennelles de Mont-Louis, où, suspendu entre le ciel et la terre comme un moine guerrier, le capitaine Joffre, pensif, se promenait sur les remparts du grand siècle...

Humble maison de Rivesaltes, murailles de Perpignan, de Villefranche et de Mont-Louis, où respire encore le génie calme de Vauban, lumière sans fièvre du Roussillon natal, hautes solitudes forestières de la Cerdagne, c'est tout cela qui vivait dans cette tête solide, au milieu du tonnerre des artilleries déchaînées, et dans un rêve bien ordonné, tous les souvenirs, paisibles et doux, entouraient peut-être, pour le défendre contre les fantômes du doute et de la crainte, le calme héros qui dormait à la veille de la Marne...

Acteurs invisibles, mais présents, ils jouaient aussi leur rôle, ces souvenirs d'enfance et de jeunesse, dans l'énorme tragédie ; les historiens futurs, s'ils veulent comprendre bien la bataille de la Marne, devront en commencer l'étude au pays de Joffre... Puissent ces modestes pages, — et c'est peut-être mon excuse, — leur en monrter le chemin lumineux...

NOTE

On trouvera les mêmes sentiments exprimés dans le poème suivant, qui fut publié le 9 juillet 1916 par les Annales politiques et littéraires.

A RISEVALTES

C'est ici ; le platane est devant la maison ;
    On dirait qu'on est à Maillane ;
Il y a tout, — l'azur, le jardin, l'horizon,
    La grille en fer et le platane...

Il y a tout : là-bas, sous leur manteau de thym
    Dessinant leurs veines de pierres,
On peut voir, comme des Alpilles au lointain,
    Onduler les sobres Corbières.

Les charrettes avec leur poids de vin nouveau
    Vont, lentes, des cuves aux caves ;
Il y a tout ; la plaine a le ciel pour niveau,
    Les charretiers ont des airs graves.

C'est ici qu'au retour des travaux incertains
        D'une fiévreuse colonie,
Il retrouvait dans les souvenirs enfantins
        La paix, la joie et l'harmonie ;

C'est ici qu'ayant vu des terres et des mers,
        Il préférait au vaste monde
Le village natal, ce solide univers
        D'une existence vagabonde.

Comme Fabre, comme Mistral dans leur jardin
        Assis au devant de leurs portes,
Il voyait sous le vent montagneux ou marin
        Tomber les larges feuilles mortes.

Avec elles glissaient, pâles, dans le soir pur
        Les fantômes des camarades
Partis là-bas en conquérants parmi l'azur
        Des estacades et des rades,

Et puis, dans un plus triste et plus lointain jadis,
        Ceux qui dans une pose altière,
Frappés au cœur en mil huit cent soixante et dix,
        Étaient tombés à la frontière.

Oh! quelque jour les venger tous, oh! quelque jour
        Délivrer la douce captive,
Ou bien, désespéré, succomber à son tour
        Dans la rencontre décisive...

Ainsi, tandis qu'au loin le Canigou massif
        Dressait sa taille d'épopée,
Ainsi devant son seuil rêvait le chef pensif
        Sentant frissonner son épée,

Et tandis que le soir pacifique et latin
        Mourait sur la douce campagne,
Il ignorait encor qu'il devait, ô destin,
        Briser l'empire d'Allemagne,

Et que, lucide et fier, sans fièvre, comme font
        Les vendangeurs rangés en lignes,
Il cueillerait du fond de l'horizon profond
        Des grappes de gloire à nos vignes...

Septembre dix-neuf cent quatorze!... O vigneron,
        Ce fut une belle vendange!
Qu'en pensez-vous, vous qui le soir causez en rond
        Près du cellier ou de la grange?

Qu'en pensez-vous sous vos bonnets de tulle blanc,
    Vieilles femmes, ô Catalanes,
Vous le rappelez-vous ce petit Catalan,
    Quand il jouait sous vos platanes ?

Qu'en pensez-vous, jeunes filles aux foulards noirs,
    Aux yeux pleins de lueurs verdâtres,
Est-il digne que l'on en parle dans les soirs,
    Quand le vent siffle au cœur des âtres ?

Qu'en pensez-vous, ô travailleurs du Roussillon
    Des Corbières aux Pyrénées,
A-t-il bien travaillé pour creuser son sillon
    Parmi le champ des destinées ?

Qu'en pensez-vous, pêcheurs dans le matin vermeil
    D'Argelès ou de Collioure ?...
La gloire ainsi qu'une voile rouge au soleil
    De ses plis somptueux l'entoure...

Qu'en pensez-vous, les montagnards sur les sentiers,
    Est-il assez de votre race,
Lui qui, pour l'étouffer, serra des mois entiers
    Le cou du grand vautour vorace ?

Qu'en pensez-vous, les charretiers sur les chemins,
    Est-il assez digne de boire
De votre vin, celui qui tient de ses deux mains
    L'attelage de la victoire ?

Et toi, vieux tonnelier qui d'un rude marteau
    Frappais sur les douves de chêne,
Que devait, sang vermeil du clos et du coteau,
    Combler la récolte prochaine,

Dans l'ombre du petit cimetière, où, vibrant,
    L'Angelus fait de tièdes haltes,
Que penses-tu de ton petit devenu grand,
    Vieux tonnelier de Rivesaltes ?

Imprimé sur caractères spéciaux
des « Éditions Bossard »

SAINT-AMAND (CHER). IMPRIMERIE BUSSIÈRE